EIWEISS WAFFELN OHNE BACKEN

100 köstliche Leckereien ohne Ofenhitze

Rosa Lorenz

Urheberrechtliches Material ©2024

Alle Rechte vorbehalten

Kein Teil dieses Buches darf ohne die entsprechende schriftliche Zustimmung des Herausgebers und Urheberrechtsinhabers in irgendeiner Form oder auf irgendeine Weise verwendet oder übertragen werden, mit Ausnahme von kurzen Zitaten, die in einer Rezension verwendet werden. Dieses Buch sollte nicht als Ersatz für medizinische, rechtliche oder andere professionelle Beratung betrachtet werden.

INHALTSVERZEICHNIS

INHALTSVERZEICHNIS 3
EINFÜHRUNG 6
KUCHEN UND LAITKUCHEN 7
    1. ZIMT-APFEL-KUCHEN 8
    2. ZIMTSTRUDEL-BANANENBROT 10
    3. SCHULKUCHEN 12
    4. ZITRONEN-NIESEL-LAIB-KUCHEN – NACH STARBUCKS-ART 14
    5. BLAUBEERKUCHEN MIT WEIßER SCHOKOLADE 16
    6. SCHOKOLADEN-FUDGE-LAIBKUCHEN 18
    7. LOTUS BISCOFF LAIBKUCHEN 20
    8. ULTIMATIVER SCHOKOLADENKUCHEN 22
    9. SUPER SAFTIGER KAROTTENKUCHEN 24
KEKSTEIG-REZEPTE 26
    10. KEKSTEIG-PFANNE 27
    11. DER ULTIMATIVE OREO BROOKIE 29
    12. KEKSTEIGRIEGEL AUS ROTEM SAMT 31
    13. SCHOKOLADENKEKSTEIG OHNE BACKEN 33
    14. SCHOKOKEKS-TEIGRIEGEL 35
KÄSEKUCHEN, TARTS & TORTEN 37
    15. KEKS-STREUSEL-KÄSEKUCHEN OHNE BACKEN 38
    16. BLAUBEERKUCHEN OHNE BACKEN 40
    17. PFIRSICHKUCHEN OHNE BACKEN 42
    18. KÜRBISKUCHEN OHNE BACKEN 44
    19. NO-BAKE-SCHOKOLADEN-RICOTTA-KUCHEN E 46
    20. CREMIGER JOGHURTKUCHEN OHNE BACKEN 48
    21. EISCREMETORTE OHNE BACKEN 50
    22. UNGEBACKENER ANANAS-CHIFFON-KÄSEKUCHEN 52
    23. EIERLIKÖR-KÄSEKUCHEN OHNE BACKEN 54
    24. NO-BAKE PHILLY SUMMER CHEESECAKE 56
    25. APRIKOSEN-CHIFFON-KÄSEKUCHEN OHNE BACKEN 59
    26. FRISCHER OBSTKUCHEN OHNE BACKEN 61
    27. ERDBEERTÖRTCHEN OHNE BACKEN 63
    28. ZITRONENTARTE OHNE BACKEN 65
    29. SCHOKOLADEN-ERDNUSSBUTTER-TARTE OHNE BACKEN 67
    30. HIMBEER-MANDEL-TÖRTCHEN OHNE BACKEN 69
    31. OREO-MINZ-TARTE OHNE BACKEN 71
    32. MANGO-KOKOS-TÖRTCHEN OHNE BACKEN 73
    33. KARAMELL-PEKANNUSS-TARTE OHNE BACKEN 75
    34. SCHOKOLADEN-BANANEN-TARTE OHNE BACKEN 77
    35. GEFÜLLTER KEKSKUCHEN FÜR KINDER 79
KEKSE 81

36. NUTELLA-KEKSE MIT VIER ZUTATEN 82
37. WEICHE UND ZÄHE REGENBOGENKEKSE 84
38. WEICHE UND ZÄHE SCHOKOLADENKEKSE 86
39. BUTTERSCOTCH-KEKSE OHNE BACKEN 88
40. ORANGENKEKSE OHNE BACKEN 90
41. ERDNUSSBUTTERKEKSE OHNE BACKEN 92
42. SCHOKOLADEN-HAFERKEKSE OHNE BACKEN 94
43. UNGEBACKENE HAFERFLOCKEN-GELATINE-KEKSE 96
44. NO-BAKE-PENUCHE-DROP-KEKSE 98
45. BOURBON-HAFERKEKSE OHNE BACKEN 100
46. MATCHA-KEKSE MIT WEIßER SCHOKOLADE OHNE BACKEN 102
47. KOKOS-LIMETTEN-KEKSE OHNE BACKEN 104
48. PISTAZIEN-CRANBERRY-KEKSE OHNE BACKEN...............................106
49. OHNE BACKEN GEWÜRZTE CHAI-KEKSE 108

CLUSTER UND HEUHAUFEN 110
50. NO-BAKE-FUDGE-CLUSTER 111
51. NO-BAKE-SCHOKOLADEN-ERDNUSSBUTTER-CLUSTER 113
52. MANDEL-JOY-CLUSTER OHNE BACKEN 115
53. NO-BAKE-STUDENTENMIX-CLUSTER 117
54. NO-BAKE-HIMBEER-CLUSTER AUS WEIßER SCHOKOLADE 119
55. NO-BAKE-KARAMELL-BREZEL-CLUSTER 121
56. CRANBERRY-PISTAZIEN-CLUSTER OHNE BACKEN 123
57. NO-BAKE-KIRSCHCLUSTER AUS DUNKLER SCHOKOLADE 125

KNUSPRIG, KRÜMELIG UND KNUSPRIG 127
58. PFIRSICH-CRISP OHNE BACKEN 128
59. APFEL-CRISP OHNE BACKEN 130
60. GEMISCHTER BEEREN-COBBLER OHNE BACKEN 132
61. KIRSCH-CRISP OHNE BACKEN 134
62. NO-BAKE MANGO-KOKOS- CRUMBLE...136
63. BLAUBEER-MANDEL-CRISP OHNE BACKEN 138
64. UNGEBACKENER DRACHENFRUCHT-CRUMBLE 140
65. NO-BAKE-LITSCHI-CRISP 142
66. PAPAYA-COBBLER OHNE BACKEN 144
67. KIWI-CRUMBLE OHNE BACKEN 146
68. PASSIONSFRUCHT-COBBLER OHNE BACKEN 148

KUCHEN 150
69. RUMKUCHEN OHNE BACKEN 151
70. SIEBENSCHICHTIGER KUCHEN OHNE BACKEN 153
71. SCHOKOLADEN-SAHNE-TORTE OHNE BACKEN 155
72. OBSTKUCHEN OHNE BACKEN 157
73. NO-BAKE-MAZOH-SCHICHTKUCHEN 160
74. NO-BAKE-KIRSCH-PUDDING-KUCHEN 162
75. MANGO-KOKOS-KUCHEN OHNE BACKEN 164

76. Erdnussbutter-Schokoladenkuchen ohne Backen 166
77. Erdbeer-Limonaden-Kuchen ohne Backen 168

BROWNIES, BARS & SQUARES 170
78. Super-fudgy dreifache Schokoladen-Brownies 171
79. Jammie Dodger Blondies 173
80. No-Bake-Schokoladen-Butterfluff- Quadrate 175
81. Konfetti-Müsliquadrate ohne Backen 177
82. Himbeer-Zitronen-Riegel ohne Backen 179
83. No-Bake-Trail-Riegel 181
84. Müsliriegel ohne Backen 183
85. No-Bake-Schokoladen-Kokos-Quadrate 185
86. Ungebackene Ingwer-Orangen-Quadrate 187
87. Walnuss - Brownies ohne Backen 189
88. Chipits-Müsliriegel ohne Backen 191
89. Erdnuss-Brownies ohne Backen 193

ENERGIEBÄLLE & BISSE 195
90. Schokoladen-Fudge-Kuchenbällchen 196
91. Mandelschneebälle ohne Backen 198
92. Kakao-Bourbon-Kugeln ohne Backen 200
93. Lebkuchenbällchen ohne Backen 202
94. No-Bake-Mokka-Likör-Kugeln 204
95. No-Bake-Kirschrum-Kugeln 206
96. Orangenbällchen ohne Backen 208
97. Erdnussbutter-Schokoladenstückchen-Energiebällchen 210
98. Kokos-Mandel-Dattel-Energiebällchen 212
99. Haferflocken-Rosinen-Keks-Energiebällchen 214
100. Schokoladen-Kokos-Proteinbällchen 216

ABSCHLUSS 218

EINFÜHRUNG

Willkommen in der köstlichen Welt des von EIWEISS WAFFELN BACKEN OHNE BACKEN, wo wir uns auf eine Reise begeben, um 100 köstliche Leckereien zu entdecken, ohne die Hitze des Ofens zu benötigen. In einem kulinarischen Bereich, der oft auf die Magie des Backens setzt, bringt EIWEISS WAFFELN BACKEN OHNE BACKEN eine Sammlung unwiderstehlicher Köstlichkeiten hervor, die keine Hitze erfordern, aber eine Explosion von Aromen und Texturen versprechen. Egal, ob Sie ein erfahrener Hobbybäcker oder ein Neuling in der Küche sind, diese Zusammenstellung von No-Bake-Leckereien wird Ihr Dessertspiel ganz sicher auf ein neues Niveau heben. EIWEISS WAFFELN BACKEN OHNE BACKEN, eine kulinarische Meisterin, die für ihre innovativen und zugänglichen Rezepte bekannt ist, hat eine Auswahl zusammengestellt, die den unterschiedlichsten Geschmäckern und Vorlieben gerecht wird. Von cremigen Käsekuchen bis hin zu knusprigen Keksen wird jede Leckerei mit Präzision und einer Prise Kreativität hergestellt. Machen Sie sich bereit, in eine Welt einzutauchen, in der das Fehlen eines Ofens die Schaffung köstlicher Meisterwerke nicht behindert. Das Schöne an No-Bake-Rezepten liegt in ihrer Einfachheit und Effizienz. Die Kollektion von EIWEISS WAFFELN BACKEN OHNE BACKEN lädt Sie ein, die enormen Möglichkeiten der Zubereitung üppiger Desserts ohne den herkömmlichen Backprozess zu erkunden. Ganz gleich, ob Sie wenig Zeit haben, keinen Zugang zum Ofen haben oder einfach nach einer unkomplizierten Möglichkeit suchen, Ihre Naschkatzen zu befriedigen, diese No-Bake-Leckereien bieten eine praktische und köstliche Lösung. Die Rezepte auf diesen Seiten decken ein Spektrum an Geschmacksrichtungen ab, das von klassischen Schokoladenfreuden bis hin zu Kreationen mit exotischen Früchten reicht. Die sorgfältigen Anleitungen und Tipps von EIWEISS WAFFELN BACKEN OHNE BACKEN stellen sicher, dass auch unerfahrene Bäcker diese köstlichen Leckereien erfolgreich zaubern können. Lassen Sie sich von der Leichtigkeit überraschen, mit der Sie beeindruckende Desserts kreieren können, die nicht nur umwerfend aussehen, sondern auch göttlich schmecken.

KUCHEN UND LAITKUCHEN

1.Zimt-Apfel-Kuchen

ZUTATEN:
- 2 Tassen Graham-Cracker-Krümel
- 1/2 Tasse ungesalzene Butter, geschmolzen
- 2 Tassen fein gehackte Äpfel
- 1 Teelöffel Zimt
- 1 Tasse Schlagsahne
- Karamellsauce zum Beträufeln

ANWEISUNGEN:
a) In einer Schüssel Graham-Cracker-Krümel mit zerlassener Butter vermischen.
b) Drücken Sie die Mischung auf den Boden einer mit Backpapier ausgelegten Kastenform, um eine Kruste zu formen.
c) In einer anderen Schüssel gehackte Äpfel und Zimt vermischen.
d) Die Apfelmischung über die Kruste schichten.
e) Mit Schlagsahne belegen und mit Karamellsauce beträufeln.
f) Vor dem Schneiden und Servieren einige Stunden im Kühlschrank lagern.

2.Zimtstrudel-Bananenbrot

ZUTATEN:
- 2 Tassen zerkleinerte Graham Cracker
- 1/2 Tasse geschmolzenes Kokosöl
- 2 reife Bananen, zerdrückt
- 1 Teelöffel Zimt
- 1 Tasse Frischkäse, weich
- 1/4 Tasse Honig

ANWEISUNGEN:
a) Zerkleinerte Graham Cracker mit geschmolzenem Kokosöl vermischen und für die Kruste in eine mit Backpapier ausgelegte Kastenform drücken.
b) In einer Schüssel zerdrückte Bananen und Zimt vermischen.
c) Die Bananenmischung über die Kruste schichten.
d) In einer anderen Schüssel Frischkäse mit Honig schlagen und unter die Bananenschicht rühren.
e) Vor dem Schneiden einige Stunden im Kühlschrank lagern.

3.Schulkuchen

ZUTATEN:
- 2 Tassen Verdauungskekskrümel
- 1/2 Tasse geschmolzene Butter
- 1 Tasse gesüßte Kondensmilch
- 1 Tasse Kokosraspeln
- 1 Tasse gemischte Trockenfrüchte (Rosinen, Sultaninen, Johannisbeeren)

ANWEISUNGEN:
a) Verdauungskekskrümel mit zerlassener Butter vermischen und als Boden in eine mit Backpapier ausgelegte Kastenform drücken.
b) In einer Schüssel Kondensmilch, Kokosraspeln und gemischte Trockenfrüchte vermischen.
c) Die Mischung auf der Kruste verteilen.
d) Bis zum Festwerden im Kühlschrank aufbewahren, dann in Scheiben schneiden und servieren.

4.Zitronen-Niesel-Laib-Kuchen – nach Starbucks-Art

ZUTATEN:
- 2 Tassen zerdrückte Kekse mit Zitronengeschmack
- 1/2 Tasse geschmolzene weiße Schokolade
- 1 Tasse Schlagsahne
- Schale von 2 Zitronen
- Zitronenscheiben zum Garnieren

ANWEISUNGEN:
a) Zerkleinerte Zitronenkekse mit geschmolzener weißer Schokolade vermischen und für die Kruste in eine mit Backpapier ausgelegte Kastenform drücken.
b) Schlagsahne auf der Kruste verteilen.
c) Zitronenschale darüberstreuen und mit Zitronenscheiben garnieren.
d) Bis zum Festwerden im Kühlschrank aufbewahren, dann in Scheiben schneiden und genießen.

5. Blaubeerkuchen mit weißer Schokolade

ZUTATEN:
- 2 Tassen Vanille-Waffelkrümel
- 1/2 Tasse geschmolzene weiße Schokolade
- 1 Tasse frische Blaubeeren
- 1 Tasse Vanillejoghurt

ANWEISUNGEN:
a) Vanille-Waffelkrümel mit geschmolzener weißer Schokolade vermischen und für die Kruste in eine mit Backpapier ausgelegte Kastenform drücken.
b) Frische Blaubeeren über die Kruste schichten.
c) Mit Vanillejoghurt belegen.
d) Bis zum Festwerden im Kühlschrank aufbewahren, dann in Scheiben schneiden und servieren.

6.Schokoladen-Fudge-Laibkuchen

ZUTATEN:
- 2 Tassen Schokoladenkekskrümel
- 1/2 Tasse geschmolzene dunkle Schokolade
- 1 Tasse Schokoladen-Fudge-Sauce
- 1 Tasse Schlagsahne

ANWEISUNGEN:
a) Schokoladenplätzchenkrümel mit geschmolzener Zartbitterschokolade vermischen und für die Kruste in eine mit Backpapier ausgelegte Kastenform drücken.
b) Eine Schicht Schokoladen-Fudge-Sauce auf der Kruste verteilen.
c) Mit Schlagsahne belegen.
d) Bis zum Festwerden im Kühlschrank aufbewahren, dann in Scheiben schneiden und genießen.

7.Lotus Biscoff Laibkuchen

ZUTATEN:
- 2 Tassen Lotus Biscoff Kekskrümel
- 1/2 Tasse geschmolzene Butter
- 1 Tasse Frischkäse
- 1/4 Tasse Puderzucker
- Lotus Biscoff-Aufstrich zum Beträufeln

ANWEISUNGEN:
a) Lotus Biscoff-Kekskrümel mit geschmolzener Butter vermischen und für die Kruste in eine mit Backpapier ausgelegte Kastenform drücken.
b) In einer Schüssel Frischkäse mit Puderzucker vermischen und auf der Kruste verteilen.
c) Den Lotus Biscoff-Aufstrich darüber träufeln.
d) Bis zum Festwerden im Kühlschrank aufbewahren, dann in Scheiben schneiden und genießen.

8. Ultimativer Schokoladenkuchen

ZUTATEN:
- 2 Tassen Schokoladenkuchenkrümel
- 1/2 Tasse Schokoladenganache
- 1 Tasse Schokoladenmousse
- Schlagsahne zum Garnieren

ANWEISUNGEN:
a) Schokoladenkuchenkrümel mit Schokoladenganache vermischen und für den Boden in eine mit Backpapier ausgelegte Kastenform drücken.
b) Löcher in den Kuchen stechen und diese mit Schokoladenmousse füllen.
c) Mit Schlagsahne belegen.
d) Bis zum Festwerden im Kühlschrank aufbewahren, dann in Scheiben schneiden und das ultimative Schokoladenerlebnis genießen.

9. Super saftiger Karottenkuchen

ZUTATEN:
- 2 Tassen fein geriebene Karotten
- 1/2 Tasse zerdrückte Ananas, abgetropft
- 1 Tasse Kokosraspeln
- 1 Tasse gehackte Walnüsse
- 1 Tasse Frischkäse-Zuckerguss

ANWEISUNGEN:
a) Geraspelte Karotten, zerdrückte Ananas, Kokosraspeln und gehackte Walnüsse in einer Schüssel vermengen.
b) Frischkäse-Zuckerguss untermischen, bis alles gut vermischt ist.
c) Drücken Sie die Mischung in eine mit Backpapier ausgelegte Kastenform.
d) Bis zum Festwerden in den Kühlschrank stellen, dann in Scheiben schneiden und den saftigen und aromatischen Karottenkuchen genießen.

Keksteig-Rezepte

10.Keksteig-Pfanne

ZUTATEN:
- 1 Tasse essbarer Keksteig
- 1/2 Tasse Schokoladenstückchen
- 1/4 Tasse Mini-Marshmallows
- Graham Cracker zum Dippen

ANWEISUNGEN:
a) Den essbaren Keksteig in eine Pfanne drücken.
b) Streuen Sie Schokoladenstückchen und Mini-Marshmallows über den Keksteig.
c) Stellen Sie die Pfanne in den Kühlschrank, bis sie fest ist.
d) Mit Graham Crackern zum Dippen servieren.

11. Der ultimative Oreo Brookie

ZUTATEN:
- 1 Tasse zerkleinerte Oreo-Krümel
- 1/2 Tasse Schokoladenkeksteig
- 1/2 Tasse Brownie-Teig
- Schlagsahne zum Garnieren

ANWEISUNGEN:
a) Für den Boden zerkleinerte Oreo-Krümel in eine mit Backpapier ausgelegte Kastenform drücken.
b) Drücken Sie eine Schicht Schokoladenkeksteig auf den Oreo-Boden.
c) Den Brownie-Teig über den Keksteig gießen.
d) Bis zum Festwerden in den Kühlschrank stellen, dann in Scheiben schneiden und mit Schlagsahne belegen.

12.Keksteigriegel aus rotem Samt

ZUTATEN:
- 2 Tassen Keksteig aus rotem Samt
- 1 Tasse weiße Schokoladenstückchen
- Frischkäse-Frosting zum Beträufeln

ANWEISUNGEN:
a) Den Keksteig aus rotem Samt in eine mit Backpapier ausgelegte Form drücken.
b) Streuen Sie weiße Schokoladenstückchen über den Keksteig.
c) Frischkäse-Frosting darüber träufeln.
d) Bis zum Festwerden im Kühlschrank aufbewahren, dann in Riegel schneiden und servieren.

13. Schokoladenkeksteig ohne Backen

ZUTATEN:
- 2 Tassen essbarer Schokoladenkeksteig
- 1 Tasse Mini-Schokoladenstückchen

ANWEISUNGEN:
a) Mini-Schokoladenstückchen unter den essbaren Schokoladenkeksteig mischen.
b) Aus der Masse mundgerechte Kugeln formen.
c) Im Kühlschrank aufbewahren, bis er fest ist, und dann die No-Bake-Schokoladenkeksteig-Häppchen genießen.

14.Schokokeks-Teigriegel

ZUTATEN:
- 2 Tassen essbarer Schokoladenkeksteig
- 1 Tasse Schokoladenstückchen (Milch oder Zartbitter)
- 1/2 Tasse ungesalzene Butter, geschmolzen
- 1 Tasse Puderzucker
- 1 Teelöffel Vanilleextrakt
- Prise Salz

ANWEISUNGEN:

a) In einer Rührschüssel den essbaren Schokoladenkeksteig mit zerlassener Butter, Puderzucker, Vanilleextrakt und einer Prise Salz vermischen. Mischen, bis alles gut vermischt ist.

b) Eine quadratische oder rechteckige Form mit Backpapier auslegen und etwas Überstand lassen, damit man sie leichter herausnehmen kann.

c) Drücken Sie die Hälfte der Keksteigmischung gleichmäßig auf den Boden der Form, um die erste Schicht zu bilden.

d) Die Schokoladenstückchen in einer mikrowellengeeigneten Schüssel oder im Wasserbad schmelzen.

e) Gießen Sie eine Schicht geschmolzene Schokolade über den Keksteig in der Pfanne und verteilen Sie ihn gleichmäßig mit einem Spatel.

f) Stellen Sie die Form etwa 10–15 Minuten lang in den Kühlschrank, damit die Schokoladenschicht fest wird.

g) Sobald die Schokoladenschicht fest ist, verteilen Sie die restliche Keksteigmischung gleichmäßig auf der Schokoladenschicht, um die oberste Schicht zu bilden.

h) Eine weitere Schicht geschmolzene Schokolade darüber träufeln und gleichmäßig verteilen.

i) Bewahren Sie die Riegel mindestens 2-3 Stunden lang oder bis sie vollständig fest sind im Kühlschrank auf.

j) Sobald die Riegel fest sind, heben Sie sie mithilfe des Pergamentpapierüberstands aus der Form. Auf ein Schneidebrett legen und in Quadrate schneiden.

k) Servieren und genießen Sie diese köstlichen No-Bake-Chocolate-Chip-Cookie-Teigriegel!

KÄSEKUCHEN, TARTS & TORTEN

15. Keks-Streusel-Käsekuchen ohne Backen

ZUTATEN:

- 2 Tassen Kekskrümel
- ½ Tasse ungesalzene Butter, geschmolzen
- 16 Unzen Frischkäse, weich
- 1 Tasse Puderzucker
- 1 Teelöffel Vanilleextrakt
- 1 Tasse Sahne
- Kekskrümel zum Garnieren (optional)

ANWEISUNGEN:

a) In einer Rührschüssel Kekskrümel und geschmolzene Butter vermengen. Rühren, bis die Krümel gleichmäßig bedeckt sind.
b) Drücken Sie die Mischung auf den Boden einer gefetteten oder ausgelegten 9-Zoll-Springform, um die Kruste zu formen.
c) Zum Abkühlen in den Kühlschrank stellen, während die Füllung zubereitet wird.
d) In einer separaten Rührschüssel Frischkäse, Puderzucker und Vanilleextrakt glatt und cremig schlagen.
e) In einer anderen Schüssel die Sahne schlagen, bis sich steife Spitzen bilden.
f) Die Schlagsahne vorsichtig unter die Frischkäsemischung heben, bis sie vollständig eingearbeitet ist.
g) Die Füllung über den vorbereiteten Boden gießen und gleichmäßig verteilen.
h) Streuen Sie bei Bedarf weitere Kekskrümel darüber.
i) Stellen Sie den Käsekuchen mindestens 4 Stunden lang oder bis er fest ist in den Kühlschrank.
j) Schneiden Sie diesen köstlichen Keks-Streusel-Käsekuchen ohne Backen in Scheiben und servieren Sie ihn!

16. Blaubeerkuchen ohne Backen

ZUTATEN:
- 1 vorbereitete Graham-Cracker-Kruste
- 4 Tassen frische Blaubeeren
- ½ Tasse Kristallzucker
- ¼ Tasse Maisstärke
- ¼ Teelöffel Salz
- 1 Esslöffel Zitronensaft
- Schlagsahne oder Vanilleeis (optional, zum Servieren)

ANWEISUNGEN:
a) In einem Topf 2 Tassen Blaubeeren, Zucker, Maisstärke, Salz und Zitronensaft vermischen.
b) Bei mittlerer Hitze unter häufigem Rühren kochen, bis die Mischung eindickt und die Blaubeeren aufplatzen und ihren Saft freisetzen.
c) Vom Herd nehmen und die Mischung einige Minuten abkühlen lassen.
d) Die restlichen 2 Tassen frischen Blaubeeren unterrühren.
e) Gießen Sie die Blaubeerfüllung in die vorbereitete Graham-Cracker-Kruste und verteilen Sie sie gleichmäßig.
f) Den Kuchen mindestens 2-3 Stunden lang oder bis er fest ist im Kühlschrank lagern.
g) Gekühlt servieren, nach Wunsch mit Schlagsahne oder Vanilleeis garnieren.

17. Pfirsichkuchen ohne Backen

ZUTATEN:
- 1 vorbereitete Graham-Cracker-Kruste
- 4 Tassen frische Pfirsiche, geschält und in Scheiben geschnitten
- ½ Tasse Kristallzucker
- 2 Esslöffel Maisstärke
- ¼ Teelöffel gemahlener Zimt
- Schlagsahne oder Vanilleeis (optional, zum Servieren)

ANWEISUNGEN:
a) In einem Topf geschnittene Pfirsiche, Zucker, Maisstärke und gemahlenen Zimt vermischen.
b) Bei mittlerer Hitze unter häufigem Rühren kochen, bis die Mischung eindickt und die Pfirsiche weich werden.
c) Vom Herd nehmen und die Pfirsichfüllung einige Minuten abkühlen lassen.
d) Gießen Sie die Pfirsichfüllung in die vorbereitete Graham-Cracker-Kruste und verteilen Sie sie gleichmäßig.
e) Den Kuchen mindestens 2-3 Stunden lang oder bis er fest ist im Kühlschrank lagern.
f) Gekühlt servieren, nach Belieben mit Schlagsahne oder einer Kugel Vanilleeis garnieren.

18.Kürbiskuchen ohne Backen

ZUTATEN:
- 1 vorbereitete Graham-Cracker-Kruste
- 1 Tasse Kürbispüree aus der Dose
- ½ Tasse Kristallzucker
- ½ Teelöffel Kürbiskuchengewürz
- ¼ Teelöffel Salz
- 1 Tasse Sahne
- Schlagsahne zum Garnieren (optional)

ANWEISUNGEN:
a) In einer Rührschüssel Kürbispüree aus der Dose, Kristallzucker, Kürbiskuchengewürz und Salz vermischen. Mischen, bis alles gut vermischt ist.
b) In einer separaten Rührschüssel die Sahne schlagen, bis sich steife Spitzen bilden.
c) Die Schlagsahne vorsichtig unter die Kürbismischung heben, bis sie vollständig eingearbeitet ist.
d) Gießen Sie die Kürbisfüllung in die vorbereitete Graham-Cracker-Kruste und verteilen Sie sie gleichmäßig.
e) Den Kuchen mindestens 2-3 Stunden lang oder bis er fest ist im Kühlschrank lagern.
f) Gekühlt servieren und nach Belieben mit Schlagsahne garnieren.

19.No-Bake-Schokoladen-Ricotta-Kuchen e

ZUTATEN:
- 1 ½ Tassen Schokoladenkekskrümel
- ¼ Tasse ungesalzene Butter, geschmolzen
- 2 Tassen Ricotta-Käse
- ½ Tasse Puderzucker
- 1 Teelöffel Vanilleextrakt
- 1 Tasse Sahne
- Schokoladenraspeln zum Garnieren (optional)

ANWEISUNGEN:
a) In einer Rührschüssel Schokoladenkekskrümel und geschmolzene Butter vermischen. Rühren, bis die Krümel gleichmäßig bedeckt sind.
b) Drücken Sie die Mischung auf den Boden einer gefetteten oder ausgelegten 9-Zoll-Springform, um die Kruste zu formen. Zum Abkühlen in den Kühlschrank stellen, während die Füllung zubereitet wird.
c) In einer separaten Rührschüssel Ricotta, Puderzucker und Vanilleextrakt glatt rühren.
d) In einer anderen Schüssel die Sahne schlagen, bis sich steife Spitzen bilden.
e) Die Schlagsahne vorsichtig unter die Ricotta-Mischung heben, bis sie vollständig eingearbeitet ist.
f) Die Füllung über den vorbereiteten Boden gießen und gleichmäßig verteilen.
g) Den Kuchen mindestens 4 Stunden oder bis er fest ist im Kühlschrank lagern.
h) Vor dem Servieren nach Belieben mit Schokoladenraspeln garnieren.
i) Schneiden Sie diesen cremigen und schokoladigen Ricotta-Kuchen ohne Backen in Scheiben und genießen Sie ihn!

20. Cremiger Joghurtkuchen ohne Backen

ZUTATEN:
- 1 ½ Tassen Graham-Cracker-Krümel
- ¼ Tasse ungesalzene Butter, geschmolzen
- 16 Unzen Natur- oder Vanillejoghurt
- 8 Unzen Frischkäse, weich
- ½ Tasse Puderzucker
- 1 Teelöffel Vanilleextrakt
- Frisches Obst zum Garnieren (z. B. Beeren, Pfirsichscheiben oder Kiwi)

ANWEISUNGEN:
a) In einer Rührschüssel Graham-Cracker-Krümel und geschmolzene Butter vermischen. Rühren, bis die Krümel gleichmäßig bedeckt sind.
b) Drücken Sie die Mischung auf den Boden einer gefetteten oder mit Backpapier ausgelegten 9-Zoll-Kuchenform, um die Kruste zu formen. Zum Abkühlen in den Kühlschrank stellen, während die Füllung zubereitet wird.
c) In einer separaten Rührschüssel Joghurt, Frischkäse, Puderzucker und Vanilleextrakt glatt und cremig schlagen.
d) Gießen Sie die Füllung in den vorbereiteten Boden und verteilen Sie sie gleichmäßig.
e) Belegen Sie den Kuchen mit frischem Obst Ihrer Wahl.
f) Den Kuchen mindestens 4 Stunden oder bis er fest ist im Kühlschrank lagern.
g) Schneiden Sie diesen erfrischenden und cremigen Joghurtkuchen ohne Backen in Scheiben und servieren Sie ihn!

21. Eiscremetorte ohne Backen

ZUTATEN:
- 2 Tassen Kekskrümel (z. B. Graham Cracker oder Schokoladenkekskrümel)
- ½ Tasse ungesalzene Butter, geschmolzen
- 1 Liter (4 Tassen) Eis Ihrer Wahl, weich gemacht
- Schlagsahne, Schokoladensauce oder Karamellsauce zum Garnieren

ANWEISUNGEN:
a) In einer Rührschüssel Kekskrümel und geschmolzene Butter vermengen. Rühren, bis die Krümel gleichmäßig bedeckt sind.
b) Drücken Sie die Mischung auf den Boden einer gefetteten oder mit Backpapier ausgelegten 9-Zoll-Kuchenform, um die Kruste zu formen. Zum Abkühlen in den Kühlschrank stellen, während die Füllung zubereitet wird.
c) Verteilen Sie die weiche Eiscreme auf der vorbereiteten Kruste und streichen Sie sie zu einer gleichmäßigen Schicht glatt.
d) Legen Sie den Kuchen in den Gefrierschrank und lassen Sie ihn mindestens 4 Stunden lang oder bis er fest ist, einfrieren.
e) Vor dem Servieren nach Belieben mit Schlagsahne, Schokoladensauce oder Karamellsauce garnieren.
f) Schneiden Sie diese kühle und erfrischende Eistorte ohne Backen in Scheiben und genießen Sie sie!

22. Ungebackener Ananas-Chiffon-Käsekuchen

ZUTATEN:
- 1 ½ Tassen Graham-Cracker-Krümel
- ¼ Tasse ungesalzene Butter, geschmolzen
- 8 Unzen heller Frischkäse, weich
- ½ Tasse Puderzucker
- 1 Dose (20 oz) zerkleinerte Ananas, abgetropft
- 1 Tasse Schlagsahne (z. B. Cool Whip oder hausgemachte Schlagsahne)

ANWEISUNGEN:
a) In einer Rührschüssel Graham-Cracker-Krümel und geschmolzene Butter vermischen. Rühren, bis die Krümel gleichmäßig bedeckt sind.
b) Drücken Sie die Mischung auf den Boden einer gefetteten oder mit Backpapier ausgelegten 9-Zoll-Kuchenform, um die Kruste zu formen. Zum Abkühlen in den Kühlschrank stellen, während die Füllung zubereitet wird.
c) In einer separaten Rührschüssel hellen Frischkäse und Puderzucker glatt und cremig schlagen.
d) Die abgetropfte, zerdrückte Ananas und den geschlagenen Belag unterheben, bis alles gut vermischt ist.
e) Die Füllung über den vorbereiteten Boden gießen und gleichmäßig verteilen.
f) Stellen Sie den Käsekuchen mindestens 4 Stunden lang oder bis er fest ist in den Kühlschrank.
g) Schneiden Sie diesen leichten und erfrischenden Ananas-Chiffon-Käsekuchen ohne Backen in Scheiben und genießen Sie ihn!

23. Eierlikör-Käsekuchen ohne Backen

ZUTATEN:
- 1 ½ Tassen Ingwerplätzchenkrümel
- ¼ Tasse ungesalzene Butter, geschmolzen
- 16 Unzen Frischkäse, weich
- 1 Tasse Puderzucker
- 1 Teelöffel Vanilleextrakt
- ½ Teelöffel gemahlene Muskatnuss
- ½ Tasse Eierlikör
- Schlagsahne und gemahlene Muskatnuss zum Garnieren (optional)

ANWEISUNGEN:
a) In einer Rührschüssel die Kekskrümel und die geschmolzene Butter vermischen. Rühren, bis die Krümel gleichmäßig bedeckt sind.
b) Drücken Sie die Mischung auf den Boden einer gefetteten oder ausgelegten 9-Zoll-Springform, um die Kruste zu formen. Zum Abkühlen in den Kühlschrank stellen, während die Füllung zubereitet wird.
c) In einer separaten Rührschüssel Frischkäse, Puderzucker, Vanilleextrakt und gemahlene Muskatnuss glatt und cremig schlagen.
d) Den Eierlikör nach und nach zur Frischkäsemischung geben und gut verrühren.
e) Die Füllung über den vorbereiteten Boden gießen und gleichmäßig verteilen.
f) Stellen Sie den Käsekuchen mindestens 4 Stunden lang oder bis er fest ist in den Kühlschrank.
g) Vor dem Servieren mit Schlagsahne und nach Belieben einer Prise gemahlener Muskatnuss garnieren.
h) Schneiden Sie diesen festlichen und aromatischen No-Bake-Eierlikör-Käsekuchen in Scheiben und genießen Sie ihn!

24. No-Bake Philly Summer Cheesecake

ZUTATEN:
- 2 Tassen Graham-Cracker-Krümel
- ½ Tasse ungesalzene Butter, geschmolzen
- 2 (8 Unzen) Packungen Frischkäse, weich
- 1 Tasse Puderzucker
- 1 Teelöffel Vanilleextrakt
- 1 Tasse Sahne
- ¼ Tasse frischer Zitronensaft
- Schale von 1 Zitrone
- Als Topping frische Beeren oder Früchte nach Wahl

ANWEISUNGEN:

a) In einer mittelgroßen Schüssel die Graham-Cracker-Krümel und die geschmolzene Butter vermischen. Mischen, bis die Krümel gleichmäßig mit Butter bedeckt sind.
b) Drücken Sie die Krümelmischung auf den Boden einer 9-Zoll-Springform, sodass eine gleichmäßige Schicht entsteht. Stellen Sie die Pfanne zum Abkühlen in den Kühlschrank, während Sie die Füllung vorbereiten.
c) In einer großen Rührschüssel den Frischkäse glatt und cremig schlagen.
d) Puderzucker und Vanilleextrakt zum Frischkäse geben und weiter schlagen, bis alles gut vermischt und schaumig ist.
e) In einer separaten Schüssel die Sahne schlagen, bis sich steife Spitzen bilden.
f) Die Schlagsahne vorsichtig unter die Frischkäsemischung heben.
g) Den frischen Zitronensaft und die Zitronenschale zur Füllung geben und unterheben, bis alles gut vermengt ist.
h) Nehmen Sie die Springform aus dem Kühlschrank, gießen Sie die Füllung über die Graham-Cracker-Kruste und streichen Sie die Oberseite mit einem Spatel glatt.
i) Decken Sie die Pfanne mit Plastikfolie ab und stellen Sie sie mindestens 4 Stunden oder über Nacht in den Kühlschrank, damit sie fest wird.
j) Entfernen Sie vor dem Servieren vorsichtig den Rand der Springform.
k) Belegen Sie den Käsekuchen mit frischen Beeren oder Früchten Ihrer Wahl.
l) In Scheiben schneiden und gekühlt servieren. Genießen!

25. Aprikosen-Chiffon-Käsekuchen ohne Backen

ZUTATEN:
- 2 Tassen Graham-Cracker-Krümel
- ½ Tasse ungesalzene Butter, geschmolzen
- 1 (8 Unzen) Packung Frischkäse, weich
- ½ Tasse Puderzucker
- 1 Teelöffel Vanilleextrakt
- 1 Tasse Sahne, geschlagen
- 1 Tasse Aprikosenkonfitüre
- 1 Esslöffel Gelatine
- ¼ Tasse Wasser

ANWEISUNGEN:

a) Befolgen Sie die Schritte 1–6 des vorherigen Rezepts, um die Graham-Cracker-Kruste und die Frischkäsefüllung zuzubereiten.

b) Streuen Sie die Gelatine in einer kleinen mikrowellengeeigneten Schüssel über das Wasser und lassen Sie sie 5 Minuten lang ruhen, damit sie weich wird.

c) Erhitzen Sie die Gelatinemischung etwa 20 Sekunden lang in der Mikrowelle oder bis sich die Gelatine vollständig aufgelöst hat. Etwas abkühlen lassen.

d) In einer separaten Schüssel die Sahne schlagen, bis sich weiche Spitzen bilden.

e) Die Schlagsahne vorsichtig unter die Frischkäsemischung heben.

f) Gießen Sie die abgekühlte Gelatinemischung nach und nach unter kontinuierliches Falten in die Frischkäsemischung.

g) Verteilen Sie die Aprikosenkonfitüre auf der Graham-Cracker-Kruste.

h) Gießen Sie die Frischkäsemischung über die Konfitüre und verteilen Sie sie gleichmäßig.

i) Decken Sie die Pfanne mit Plastikfolie ab und stellen Sie sie mindestens 4 Stunden oder über Nacht in den Kühlschrank, damit sie fest wird.

j) Sobald der Käsekuchen fest ist, entfernen Sie die Seiten der Springform und schneiden Sie den Käsekuchen zum Servieren in Scheiben. Genießen Sie den flauschigen und köstlichen Aprikosen-Chiffon-Käsekuchen ohne Backen!

26. Frischer Obstkuchen ohne Backen

ZUTATEN:
- 1 ½ Tassen Graham-Cracker-Krümel
- ¼ Tasse ungesalzene Butter, geschmolzen
- 8 Unzen Frischkäse, weich
- ½ Tasse Puderzucker
- 1 Teelöffel Vanilleextrakt
- Verschiedene frische Früchte zum Garnieren
- Fruchtglasur oder Honig zum Beträufeln (optional)

ANWEISUNGEN:
a) In einer Rührschüssel Graham-Cracker-Krümel und geschmolzene Butter vermengen. Rühren, bis die Krümel gleichmäßig bedeckt sind.
b) Drücken Sie die Mischung auf den Boden einer gefetteten oder ausgelegten 9-Zoll-Tarteform, um die Kruste zu formen. Zum Abkühlen in den Kühlschrank stellen, während die Füllung zubereitet wird.
c) In einer separaten Rührschüssel Frischkäse, Puderzucker und Vanilleextrakt glatt und cremig schlagen.
d) Verteilen Sie die Frischkäsefüllung gleichmäßig auf dem vorbereiteten Boden.
e) Verschiedene frische Früchte auf der Füllung anrichten.
f) Für eine zusätzliche Süße nach Belieben mit Fruchtglasur oder Honig beträufeln.
g) Die Tarte mindestens 1 Stunde oder bis sie fest ist im Kühlschrank lagern.
h) Schneiden Sie diese lebendige und erfrischende frische Obsttorte ohne Backen in Scheiben und servieren Sie sie!

27.Erdbeertörtchen ohne Backen

ZUTATEN:
- 1 ½ Tassen Graham-Cracker-Krümel
- ⅓ Tasse geschmolzene Butter
- 8 Unzen Frischkäse, weich
- ½ Tasse Puderzucker
- 1 TL Vanilleextrakt
- 1 Tasse frische Erdbeeren, in Scheiben geschnitten

ANWEISUNGEN:
a) In einer Schüssel die Graham-Cracker-Krümel und die geschmolzene Butter gut vermischen.
b) Drücken Sie die Krümelmischung auf den Boden von Törtchenformen oder Mini-Muffinförmchen, um eine Kruste zu bilden.
c) In einer separaten Schüssel Frischkäse, Puderzucker und Vanilleextrakt glatt rühren.
d) Die Frischkäsemischung in die Törtchenböden geben und die Oberfläche glatt streichen.
e) Belegen Sie jedes Törtchen mit frischen Erdbeerscheiben.
f) Vor dem Servieren mindestens 1 Stunde im Kühlschrank lagern.

28. Zitronentarte ohne Backen

ZUTATEN:
- 1 ½ Tassen Graham-Cracker-Krümel
- ⅓ Tasse geschmolzene Butter
- 8 Unzen Frischkäse, weich
- ½ Tasse Puderzucker
- ¼ Tasse frisch gepresster Zitronensaft
- 1 TL Zitronenschale
- Schlagsahne zum Garnieren (optional)

ANWEISUNGEN:
a) In einer Schüssel die Graham-Cracker-Krümel und die geschmolzene Butter gut vermischen.
b) Drücken Sie die Krümelmischung auf den Boden einer Tarteform, um eine Kruste zu formen.
c) In einer separaten Schüssel Frischkäse, Puderzucker, Zitronensaft und Zitronenschale glatt rühren.
d) Die Frischkäsemischung auf dem Boden der Tarteform verteilen.
e) Zum Festwerden mindestens 2 Stunden im Kühlschrank lagern.
f) Vor dem Servieren mit Schlagsahne belegen (optional).

29. Schokoladen-Erdnussbutter-Tarte ohne Backen

ZUTATEN:
- 2 Tassen Schokoladenkekskrümel
- ½ Tasse geschmolzene Butter
- 1 Tasse cremige Erdnussbutter
- 8 Unzen Frischkäse, weich
- 1 Tasse Puderzucker
- 1 TL Vanilleextrakt
- 1 Tasse Sahne, geschlagen
- Schokoladenraspeln zum Garnieren

ANWEISUNGEN:
a) In einer Schüssel die Schokokekskrümel und die geschmolzene Butter gut vermischen.
b) Drücken Sie die Krümelmischung auf den Boden einer Tarteform, um eine Kruste zu formen.
c) In einer separaten Schüssel Erdnussbutter, Frischkäse, Puderzucker und Vanilleextrakt glatt rühren.
d) Schlagsahne unterheben.
e) Die Erdnussbuttermischung auf dem Boden der Tarteform verteilen.
f) Zum Festwerden mindestens 4 Stunden im Kühlschrank lagern.
g) Vor dem Servieren mit Schokoladenraspeln garnieren.

30. Himbeer-Mandel-Törtchen ohne Backen

ZUTATEN:
- 1 ½ Tassen Mandelmehl
- ¼ Tasse geschmolzenes Kokosöl
- ¼ Tasse Ahornsirup
- 8 Unzen Frischkäse, weich
- ½ Tasse Puderzucker
- 1 TL Mandelextrakt
- Frische Himbeeren zum Garnieren

ANWEISUNGEN:
a) In einer Schüssel das Mandelmehl, das geschmolzene Kokosöl und den Ahornsirup gut vermischen.
b) Drücken Sie die Mandelmischung auf den Boden von Törtchenformen oder Mini-Muffinförmchen, um eine Kruste zu bilden.
c) In einer separaten Schüssel Frischkäse, Puderzucker und Mandelextrakt glatt rühren.
d) Die Frischkäsemischung in die Törtchenböden geben und die Oberfläche glatt streichen.
e) Belegen Sie jedes Törtchen mit frischen Himbeeren.
f) Vor dem Servieren mindestens 1 Stunde im Kühlschrank lagern.

31. Oreo-Minz-Tarte ohne Backen

ZUTATEN:
- 2 Tassen Oreo-Kekskrümel
- ½ Tasse geschmolzene Butter
- 8 Unzen Frischkäse, weich
- ½ Tasse Puderzucker
- 1 TL Pfefferminzextrakt
- Grüne Lebensmittelfarbe (optional)
- Schlagsahne zum Garnieren
- Schokoladensirup zum Beträufeln

ANWEISUNGEN:
a) In einer Schüssel die Oreo-Kekskrümel und die geschmolzene Butter gut vermischen.
b) Drücken Sie die Krümelmischung auf den Boden einer Tarteform, um eine Kruste zu formen.
c) In einer separaten Schüssel Frischkäse, Puderzucker, Pfefferminzextrakt und grüne Lebensmittelfarbe (falls verwendet) glatt rühren.
d) Die Frischkäsemischung auf dem Boden der Tarteform verteilen.
e) Zum Festwerden mindestens 2 Stunden im Kühlschrank lagern.
f) Vor dem Servieren mit Schlagsahne belegen und mit Schokoladensirup beträufeln.

32.Mango-Kokos-Törtchen ohne Backen

ZUTATEN:
- 1 ½ Tassen Kokosflocken
- ¼ Tasse geschmolzenes Kokosöl
- ¼ Tasse Honig
- 8 Unzen Frischkäse, weich
- ½ Tasse Puderzucker
- 1 TL Vanilleextrakt
- Frische Mangoscheiben zum Garnieren

ANWEISUNGEN:
a) In einer Schüssel die Kokosflocken, das geschmolzene Kokosöl und den Honig gut vermischen.
b) Drücken Sie die Kokosnussmischung auf den Boden von Törtchenformen oder Mini-Muffinförmchen, um eine Kruste zu bilden.
c) In einer separaten Schüssel Frischkäse, Puderzucker und Vanilleextrakt glatt rühren.
d) Die Frischkäsemischung in die Törtchenböden geben und die Oberfläche glatt streichen.
e) Belegen Sie jedes Törtchen mit frischen Mangoscheiben.
f) Vor dem Servieren mindestens 1 Stunde im Kühlschrank lagern.

33. Karamell-Pekannuss-Tarte ohne Backen

ZUTATEN:
- 2 Tassen Graham-Cracker-Krümel
- ½ Tasse geschmolzene Butter
- 1 Tasse Karamellsauce
- 8 Unzen Frischkäse, weich
- ½ Tasse Puderzucker
- 1 TL Vanilleextrakt
- Gehackte Pekannüsse zum Garnieren

ANWEISUNGEN:
a) In einer Schüssel die Graham-Cracker-Krümel und die geschmolzene Butter gut vermischen.
b) Drücken Sie die Krümelmischung auf den Boden einer Tarteform, um eine Kruste zu formen.
c) Die Karamellsauce auf dem Boden der Tarteform verteilen.
d) In einer separaten Schüssel Frischkäse, Puderzucker und Vanilleextrakt glatt rühren.
e) Die Frischkäsemischung auf der Karamellschicht verteilen.
f) Mit gehackten Pekannüssen belegen.
g) Zum Festwerden mindestens 2 Stunden im Kühlschrank lagern.

34.Schokoladen-Bananen-Tarte ohne Backen

ZUTATEN:
- 1 ½ Tassen Schokoladenkekskrümel
- ⅓ Tasse geschmolzene Butter
- 8 Unzen Frischkäse, weich
- ½ Tasse Puderzucker
- 2 reife Bananen, in Scheiben geschnitten
- Schokoladensauce zum Garnieren

ANWEISUNGEN:
a) In einer Schüssel die Schokokekskrümel und die geschmolzene Butter gut vermischen.
b) Drücken Sie die Krümelmischung auf den Boden einer Tarteform, um eine Kruste zu formen.
c) In einer separaten Schüssel Frischkäse und Puderzucker glatt rühren.
d) Die Frischkäsemischung auf dem Boden der Tarteform verteilen.
e) Die Bananenscheiben auf der Frischkäseschicht anordnen.
f) Schokoladensauce über die Bananen träufeln.
g) Zum Festwerden mindestens 2 Stunden im Kühlschrank lagern.

35. Gefüllter Kekskuchen für Kinder

ZUTATEN:
- 2 Tassen Schokoladenkeksteig
- 8 Kinderschokoladentafeln (oder ähnliches)
- 1/2 Tasse Haselnüsse, gehackt (optional)

ANWEISUNGEN:
a) Heizen Sie Ihren Backofen auf 350 °F (175 °C) vor.
b) Drücken Sie die Hälfte des Keksteigs auf den Boden einer Kuchenform.
c) Verteilen Sie Kinderschokoladentafeln gleichmäßig auf dem Teig.
d) Mit dem restlichen Keksteig belegen und die Schokoriegel bedecken.
e) Nach Belieben gehackte Haselnüsse darüber streuen.
f) 20-25 Minuten backen oder bis die Ränder goldbraun sind.
g) Vor dem Schneiden und Servieren abkühlen lassen.

KEKSE

36. Nutella-Kekse mit vier Zutaten

ZUTATEN:
- 1 Tasse Nutella
- 1 Tasse Allzweckmehl
- 1 großes Ei
- 1/2 Tasse gehackte Haselnüsse (optional)

ANWEISUNGEN:
a) Heizen Sie Ihren Backofen auf 350 °F (175 °C) vor.
b) In einer Schüssel Nutella, Mehl und Ei gut vermischen.
c) Bei Verwendung gehackte Haselnüsse unterheben.
d) Geben Sie den Teig löffelweise auf ein Backblech.
e) 8-10 Minuten backen oder bis die Ränder fest sind.
f) Lassen Sie die Kekse einige Minuten auf dem Backblech abkühlen, bevor Sie sie auf ein Kuchengitter legen.

37. Weiche und zähe Regenbogenkekse

ZUTATEN:
- 2 Tassen Zuckerplätzchenteig
- Lebensmittelfarbe (verschiedene Farben)
- Sträusel

ANWEISUNGEN:
a) Teilen Sie den Zuckerplätzchenteig in mehrere Portionen auf.
b) Fügen Sie jeder Portion eine andere Lebensmittelfarbe hinzu, um einen Regenbogen aus Farben zu erzeugen.
c) Rollen Sie jede farbige Portion zu kleinen Kugeln.
d) Ordnen Sie die Kugeln in einem Regenbogenmuster auf einem Teller an.
e) Mit bunten Streuseln bestreuen.
f) Vor dem Servieren kühl stellen, bis es fest ist.

38. Weiche und zähe Schokoladenkekse

ZUTATEN:
- 2 Tassen Allzweckmehl
- 1 Teelöffel Backpulver
- 1/2 Teelöffel Salz
- 1 Tasse ungesalzene Butter, weich
- 3/4 Tasse brauner Zucker
- 3/4 Tasse Kristallzucker
- 2 große Eier
- 2 Teelöffel Vanilleextrakt
- 2 Tassen Schokoladenstückchen

ANWEISUNGEN:
a) Heizen Sie Ihren Backofen auf 350 °F (175 °C) vor.
b) In einer Schüssel Mehl, Backpulver und Salz verquirlen.
c) In einer anderen Schüssel Butter, braunen Zucker und Kristallzucker cremig rühren, bis die Masse hell und locker ist.
d) Eier einzeln unterrühren, dann Vanille unterrühren.
e) Geben Sie nach und nach die trockenen Zutaten zu den feuchten Zutaten hinzu und verrühren Sie alles, bis alles gut vermischt ist.
f) Schokoladenstückchen unterheben.
g) Runde Esslöffel Teig auf ungefettete Backbleche geben.
h) 10-12 Minuten backen oder bis die Ränder goldbraun sind.
i) Lassen Sie die Kekse einige Minuten auf dem Backblech abkühlen, bevor Sie sie auf ein Kuchengitter legen.

39.Butterscotch-Kekse ohne Backen

ZUTATEN:
- ½ Tasse ungesalzene Butter
- 1 Tasse Kristallzucker
- ½ Tasse Kondensmilch
- 1 Teelöffel Vanilleextrakt
- 1 Tasse Butterscotch-Chips
- 3 Tassen schnell kochende Haferflocken

ANWEISUNGEN:
a) In einem Topf die Butter bei mittlerer Hitze schmelzen.
b) Zucker und Kondensmilch einrühren. Unter ständigem Rühren zum Kochen bringen.
c) Vom Herd nehmen und Vanilleextrakt und Butterscotch-Chips unterrühren, bis alles glatt und geschmolzen ist.
d) Schnellkoch-Haferflocken unterheben, bis alles gut bedeckt ist.
e) Geben Sie einen Löffel der Mischung auf Wachspapier oder ein Backblech.
f) Lassen Sie die Kekse abkühlen und auf Zimmertemperatur stellen.

40. Orangenkekse ohne Backen

ZUTATEN:

- 2 Tassen zerkleinerte Vanille-Waffelkekse
- 1 Tasse Puderzucker
- 1 Tasse fein gehackte Pekannüsse
- ½ Tasse Orangensaft
- Schale von 1 Orange
- ½ Tasse Kokosraspeln (optional)

ANWEISUNGEN:

a) In einer Rührschüssel zerkleinerte Vanille-Waffelkekse, Puderzucker, gehackte Pekannüsse, Orangensaft und Orangenschale vermischen. Gut vermischen, bis die Zutaten vollständig eingearbeitet sind.
b) Rollen Sie die Mischung zu kleinen Kugeln und legen Sie diese auf ein mit Backpapier ausgelegtes Backblech.
c) Wenn Sie möchten, können Sie die Kugeln in Kokosraspeln wälzen, um ihnen mehr Konsistenz und Geschmack zu verleihen.
d) Mindestens 1 Stunde in den Kühlschrank stellen, damit die Kekse fest werden.
e) Kühl servieren und diese köstlichen, ungebackenen Orangenkekse genießen.

41. Erdnussbutterkekse ohne Backen

ZUTATEN:
- 1 Tasse cremige Erdnussbutter
- ½ Tasse Honig oder Ahornsirup
- 2 Tassen Haferflocken
- ½ Tasse Kokosraspeln (optional)
- ¼ Tasse gehackte Erdnüsse (optional)

ANWEISUNGEN:
a) Erdnussbutter und Honig oder Ahornsirup in einer Rührschüssel glatt rühren.
b) Fügen Sie der Mischung Haferflocken hinzu und rühren Sie, bis alles gut vermischt ist.
c) Falls gewünscht, können Sie Kokosraspeln und gehackte Erdnüsse unterheben, um die Konsistenz und den Geschmack zu verbessern.
d) Nehmen Sie kleine Portionen der Mischung und formen Sie sie zu Keksen.
e) Legen Sie die Kekse auf ein mit Backpapier ausgelegtes Backblech.
f) Mindestens 1 Stunde in den Kühlschrank stellen, damit die Kekse fest werden.
g) Genießen Sie diese köstlichen und proteinreichen No-Bake-Erdnussbutterkekse.

42. Schokoladen-Haferkekse ohne Backen

ZUTATEN:
- ½ Tasse ungesalzene Butter
- 2 Tassen Kristallzucker
- ½ Tasse Milch
- ¼ Tasse ungesüßtes Kakaopulver
- 3 Tassen schnell kochende Haferflocken
- ½ Tasse cremige Erdnussbutter
- 1 Teelöffel Vanilleextrakt

ANWEISUNGEN:

a) In einem Topf Butter, Zucker, Milch und Kakaopulver vermischen. Bei mittlerer Hitze unter ständigem Rühren zum Kochen bringen.

b) Vom Herd nehmen und schnell kochende Haferflocken, Erdnussbutter und Vanilleextrakt unterrühren, bis alles gut vermischt ist.

c) Geben Sie einen Löffel der Mischung auf Wachspapier oder ein Backblech.

d) Lassen Sie die Kekse abkühlen und auf Zimmertemperatur stellen.

43. Ungebackene Haferflocken-Gelatine-Kekse

ZUTATEN:
- 2 Tassen Haferflocken
- 1 Tasse Zucker
- ½ Tasse ungesalzene Butter
- ½ Tasse Milch
- 1 Teelöffel Vanilleextrakt
- 1 Packung (3 oz) aromatisierte Gelatine (z. B. Erdbeere oder Orange)

ANWEISUNGEN:
a) In einem Topf Zucker, ungesalzene Butter und Milch vermischen. Bei mittlerer Hitze unter ständigem Rühren zum Kochen bringen.
b) Den Topf vom Herd nehmen und Vanilleextrakt und aromatisierte Gelatine einrühren.
c) Geben Sie Haferflocken in den Topf und rühren Sie, bis alles gut bedeckt ist.
d) Geben Sie einen Löffel der Mischung auf ein mit Backpapier ausgelegtes Backblech.
e) Lassen Sie die Kekse abkühlen und bei Raumtemperatur fest werden oder stellen Sie sie in den Kühlschrank, damit sie schneller fest werden.
f) Sobald es fest ist, in einen luftdichten Behälter umfüllen und bei Raumtemperatur lagern.
g) Genießen Sie diese aromatischen und ungebackenen Haferflocken-Gelatine-Kekse!

44. No-Bake-Penuche-Drop-Kekse

ZUTATEN:
- ½ Tasse ungesalzene Butter
- 2 Tassen brauner Zucker
- ½ Tasse Milch
- 3 Tassen Haferflocken
- 1 Tasse gehackte Nüsse (z. B. Walnüsse oder Pekannüsse)
- 1 Teelöffel Vanilleextrakt

ANWEISUNGEN:
a) In einem Topf die Butter bei mittlerer Hitze schmelzen.
b) Braunen Zucker und Milch einrühren. Die Mischung unter ständigem Rühren zum Kochen bringen.
c) Den Topf vom Herd nehmen und Haferflocken, gehackte Nüsse und Vanilleextrakt unterrühren.
d) Geben Sie einen Löffel der Mischung auf ein mit Backpapier ausgelegtes Backblech.
e) Lassen Sie die Kekse abkühlen und bei Raumtemperatur fest werden oder stellen Sie sie in den Kühlschrank, damit sie schneller fest werden.
f) Sobald es fest ist, in einen luftdichten Behälter umfüllen und bei Raumtemperatur lagern.
g) Genießen Sie diese zähen und aromatischen No-Bake-Penuche-Drop-Kekse!

45. Bourbon-Haferkekse ohne Backen

ZUTATEN:
- 1 ½ Tassen Haferflocken
- 1 Tasse cremige Erdnussbutter
- ½ Tasse Honig
- ¼ Tasse Bourbon
- ½ Tasse ungesüßtes Kakaopulver
- ½ Tasse Kokosraspeln (optional)

ANWEISUNGEN:
a) In einer großen Rührschüssel Haferflocken, Erdnussbutter, Honig, Bourbon und Kakaopulver vermischen.
b) Mischen Sie alle Zutaten, bis alles gut vermischt ist und die Mischung zusammenhält.
c) Formen Sie die Mischung zu einem Klotz oder rollen Sie daraus kleine, mundgerechte Kugeln.
d) Falls gewünscht, die Kekse in Kokosraspeln wälzen und die Kokosnuss vorsichtig auf die Oberfläche drücken.
e) Legen Sie die Kekse auf ein mit Backpapier ausgelegtes Backblech oder einen Teller.
f) Stellen Sie die Kekse mindestens 1 Stunde lang in den Kühlschrank, bis sie fest sind.
g) Sobald die Kekse abgekühlt und fest geworden sind, schneiden Sie sie in die gewünschte Dicke und servieren Sie sie. Diese köstlichen Bourbon-Roll-Slice-and-Serve-Kekse ohne Backen sind bereit zum Genießen!

46. Matcha-Kekse mit weißer Schokolade ohne Backen

ZUTATEN:
- 2 Tassen Haferflocken
- 1 Tasse weiße Schokoladenstückchen
- ½ Tasse Mandelbutter
- ¼ Tasse Honig
- 1 Esslöffel Matcha-Pulver
- 1 Teelöffel Vanilleextrakt

ANWEISUNGEN:
a) In einer großen Rührschüssel Haferflocken und Matcha-Pulver vermischen.
b) In einer mikrowellengeeigneten Schüssel die weißen Schokoladenstückchen in der Mikrowelle schmelzen und alle 30 Sekunden umrühren, bis eine glatte Masse entsteht.
c) Mandelbutter, Honig und Vanilleextrakt zur geschmolzenen weißen Schokolade geben und gut verrühren.
d) Gießen Sie die feuchte Mischung über die Haferflocken und den Matcha und verrühren Sie, bis alle Zutaten gleichmäßig bedeckt sind.
e) Geben Sie einen Löffel der Mischung auf ein mit Backpapier ausgelegtes Backblech und drücken Sie es leicht flach.
f) Etwa 1 Stunde lang oder bis es fest ist im Kühlschrank lagern.

47.Kokos-Limetten-Kekse ohne Backen

ZUTATEN:
- 2 Tassen Kokosraspeln
- 1 Tasse Mandelmehl
- ½ Tasse Kokoscreme
- ¼ Tasse Ahornsirup
- Schale von 2 Limetten
- Saft von 1 Limette

ANWEISUNGEN:
a) In einer Rührschüssel Kokosraspeln und Mandelmehl vermischen.
b) Kokoscreme, Ahornsirup, Limettenschale und Limettensaft in die Schüssel geben und gut verrühren.
c) Formen Sie aus der Mischung kleine, keksgroße Runden und legen Sie diese auf ein mit Backpapier ausgelegtes Backblech.
d) Mindestens 2 Stunden kühl stellen oder bis es fest ist.

48.Pistazien-Cranberry-Kekse ohne Backen

ZUTATEN:
- 2 Tassen altmodische Haferflocken
- 1 Tasse Pistazien, gehackt
- ½ Tasse getrocknete Cranberries, gehackt
- ½ Tasse Mandelbutter
- ⅓ Tasse Honig
- 1 Teelöffel Vanilleextrakt
- ¼ Teelöffel Salz

ANWEISUNGEN:
a) In einer großen Rührschüssel Haferflocken, Pistazien und getrocknete Preiselbeeren vermengen.
b) In einem kleinen Topf Mandelbutter, Honig, Vanilleextrakt und Salz bei schwacher Hitze erhitzen und gut verrühren.
c) Die Mandelbuttermischung über die trockenen Zutaten gießen und verrühren, bis alles gleichmäßig bedeckt ist.
d) Formen Sie die Mischung mit den Händen oder einem Löffel zu Keksen und legen Sie diese auf ein mit Backpapier ausgelegtes Backblech.
e) Etwa 1 Stunde lang oder bis es fest ist im Kühlschrank lagern.

49.Ohne Backen gewürzte Chai-Kekse

ZUTATEN:
- 2 Tassen knuspriges Reismüsli
- 1 Tasse Mandelbutter
- ½ Tasse Honig
- 1 Teelöffel Chai-Gewürzmischung (Zimt, Kardamom, Ingwer, Nelken, Muskatnuss)
- 1 Teelöffel Vanilleextrakt
- Prise Salz

ANWEISUNGEN:
a) In einer großen Rührschüssel knuspriges Reismüsli und die Chai-Gewürzmischung vermischen.
b) In einem kleinen Topf Mandelbutter, Honig, Vanilleextrakt und Salz bei schwacher Hitze erhitzen und gut verrühren.
c) Gießen Sie die Mandelbuttermischung über die Müsli- und Gewürzmischung und verrühren Sie, bis alles gleichmäßig bedeckt ist.
d) Aus der Masse Kekse formen oder in eine mit Backpapier ausgelegte Auflaufform drücken und in Riegel schneiden.
e) Etwa 1 Stunde lang oder bis es fest ist im Kühlschrank lagern.

Cluster und Heuhaufen

50.No-Bake-Fudge-Cluster

ZUTATEN:
- 2 Tassen Schokoladenstückchen
- ½ Tasse gesüßte Kondensmilch
- 1 Teelöffel Vanilleextrakt
- 1 Tasse gehackte Nüsse (z. B. Walnüsse oder Mandeln)
- 1 Tasse knuspriges Reismüsli

ANWEISUNGEN:
a) In einer mikrowellengeeigneten Schüssel Schokoladenstückchen und gesüßte Kondensmilch vermischen.
b) Erhitzen Sie die Mischung in 30-Sekunden-Intervallen in der Mikrowelle und rühren Sie nach jedem Intervall um, bis die Schokoladenstückchen geschmolzen und glatt sind.
c) Vanilleextrakt, gehackte Nüsse und knuspriges Reismüsli unterrühren, bis alles gut vermischt ist.
d) Geben Sie einen Löffel der Mischung auf ein mit Backpapier ausgelegtes Backblech.
e) Lassen Sie die Fudge-Cluster abkühlen und auf Zimmertemperatur bringen.
f) Sobald es fest ist, in einen luftdichten Behälter umfüllen und bei Raumtemperatur lagern.
g) Genießen Sie diese köstlichen und einfach zuzubereitenden No-Bake-Fudge-Cluster!

51. No-Bake-Schokoladen-Erdnussbutter-Cluster

ZUTATEN:
- 1 Tasse cremige Erdnussbutter
- ½ Tasse Honig oder Ahornsirup
- ¼ Tasse geschmolzenes Kokosöl
- 2 Tassen Haferflocken
- ½ Tasse Mini-Schokoladenstückchen

ANWEISUNGEN:
a) In einer Rührschüssel Erdnussbutter, Honig (oder Ahornsirup) und geschmolzenes Kokosöl gut vermischen.
b) Haferflocken und Mini-Schokoladenstückchen unterrühren.
c) Geben Sie einen Löffel der Mischung auf ein mit Backpapier ausgelegtes Backblech oder in Mini-Muffinförmchen.
d) Zum Festwerden mindestens 1 Stunde im Kühlschrank lagern.

52. Mandel-Joy-Cluster ohne Backen

ZUTATEN:
- 1 Tasse Mandelbutter
- ¼ Tasse Honig oder Ahornsirup
- ¼ Tasse geschmolzenes Kokosöl
- 2 Tassen Kokosraspeln
- ½ Tasse gehackte Mandeln
- ½ Tasse Mini-Schokoladenstückchen

ANWEISUNGEN:

a) In einer Rührschüssel Mandelbutter, Honig (oder Ahornsirup) und geschmolzenes Kokosöl gut vermischen.
b) Kokosraspeln, gehackte Mandeln und Mini-Schokoladenstückchen unterrühren.
c) Geben Sie einen Löffel der Mischung auf ein mit Backpapier ausgelegtes Backblech oder in Mini-Muffinförmchen.
d) Zum Festwerden mindestens 1 Stunde im Kühlschrank lagern.

53.No-Bake-Studentenmix-Cluster

ZUTATEN:
- 1 Tasse cremige Nussbutter (z. B. Mandelbutter, Erdnussbutter)
- ¼ Tasse Honig oder Ahornsirup
- ¼ Tasse geschmolzenes Kokosöl
- 2 Tassen Haferflocken
- ½ Tasse gehackte Nüsse (z. B. Mandeln, Walnüsse)
- ¼ Tasse Trockenfrüchte (z. B. Preiselbeeren, Rosinen)
- ¼ Tasse Mini-Schokoladenstückchen

ANWEISUNGEN:
a) In einer Rührschüssel Nussbutter, Honig (oder Ahornsirup) und geschmolzenes Kokosöl gut vermischen.
b) Haferflocken, gehackte Nüsse, Trockenfrüchte und Mini-Schokoladenstückchen unterrühren.
c) Geben Sie einen Löffel der Mischung auf ein mit Backpapier ausgelegtes Backblech oder in Mini-Muffinförmchen.
d) Zum Festwerden mindestens 1 Stunde im Kühlschrank lagern.

54. No-Bake-Himbeer-Cluster aus weißer Schokolade

ZUTATEN:
- 1 Tasse cremige Nussbutter (z. B. Mandelbutter, Cashewbutter)
- ¼ Tasse Honig oder Ahornsirup
- ¼ Tasse geschmolzenes Kokosöl
- 2 Tassen Kokosraspeln
- ½ Tasse gefriergetrocknete Himbeeren
- ½ Tasse weiße Schokoladenstückchen

ANWEISUNGEN:
a) In einer Rührschüssel Nussbutter, Honig (oder Ahornsirup) und geschmolzenes Kokosöl gut vermischen.
b) Kokosraspeln, gefriergetrocknete Himbeeren und weiße Schokoladenstückchen unterrühren.
c) Geben Sie einen Löffel der Mischung auf ein mit Backpapier ausgelegtes Backblech oder in Mini-Muffinförmchen.
d) Zum Festwerden mindestens 1 Stunde im Kühlschrank lagern.

55.No-Bake-Karamell-Brezel-Cluster

ZUTATEN:
- 1 Tasse cremige Erdnussbutter
- ¼ Tasse Honig oder Ahornsirup
- ¼ Tasse geschmolzenes Kokosöl
- 2 Tassen zerkleinerte Brezeln
- ½ Tasse Karamellstückchen oder gehackte Karamellbonbons
- ½ Tasse Mini-Schokoladenstückchen

ANWEISUNGEN:
a) In einer Rührschüssel Erdnussbutter, Honig (oder Ahornsirup) und geschmolzenes Kokosöl gut vermischen.
b) Zerkleinerte Brezeln, Karamellstückchen und Mini-Schokoladenstückchen unterrühren.
c) Geben Sie einen Löffel der Mischung auf ein mit Backpapier ausgelegtes Backblech oder in Mini-Muffinförmchen.
d) Zum Festwerden mindestens 1 Stunde im Kühlschrank lagern.

56. Cranberry-Pistazien-Cluster ohne Backen

ZUTATEN:
- 1 Tasse Mandelbutter
- ¼ Tasse Honig oder Ahornsirup
- ¼ Tasse geschmolzenes Kokosöl
- 2 Tassen Haferflocken
- ½ Tasse getrocknete Preiselbeeren
- ½ Tasse gehackte Pistazien

ANWEISUNGEN:
a) In einer Rührschüssel Mandelbutter, Honig (oder Ahornsirup) und geschmolzenes Kokosöl gut vermischen.
b) Haferflocken, getrocknete Preiselbeeren und gehackte Pistazien unterrühren.
c) Geben Sie einen Löffel der Mischung auf ein mit Backpapier ausgelegtes Backblech oder in Mini-Muffinförmchen.
d) Zum Festwerden mindestens 1 Stunde im Kühlschrank lagern.

57. No-Bake-Kirschcluster aus dunkler Schokolade

ZUTATEN:
- 1 Tasse cremige Nussbutter (z. B. Mandelbutter, Cashewbutter)
- ¼ Tasse Honig oder Ahornsirup
- ¼ Tasse geschmolzenes Kokosöl
- 2 Tassen Haferflocken
- ½ Tasse getrocknete Kirschen
- ½ Tasse dunkle Schokoladenstückchen

ANWEISUNGEN:
a) In einer Rührschüssel Nussbutter, Honig (oder Ahornsirup) und geschmolzenes Kokosöl gut vermischen.
b) Haferflocken, getrocknete Kirschen und dunkle Schokoladenstückchen unterrühren.
c) Geben Sie einen Löffel der Mischung auf ein mit Backpapier ausgelegtes Backblech oder in Mini-Muffinförmchen.
d) Zum Festwerden mindestens 1 Stunde im Kühlschrank lagern.

Knusprig, krümelig und knusprig

58. Pfirsich-Crisp ohne Backen

ZUTATEN:
- 4 Tassen frische Pfirsiche, geschält und in Scheiben geschnitten
- 1 Esslöffel Zitronensaft
- ¼ Tasse Honig oder Ahornsirup
- ½ Teelöffel Vanilleextrakt
- 1 Tasse Haferflocken
- ½ Tasse Mandelmehl
- ¼ Tasse gehackte Mandeln oder Pekannüsse
- 2 Esslöffel geschmolzenes Kokosöl
- ½ Teelöffel gemahlener Zimt

ANWEISUNGEN:
a) In einer Schüssel geschnittene Pfirsiche, Zitronensaft, Honig oder Ahornsirup und Vanilleextrakt vermischen. Rühren, bis die Pfirsiche bedeckt sind.
b) In einer separaten Schüssel Haferflocken, Mandelmehl, gehackte Mandeln oder Pekannüsse, geschmolzenes Kokosöl und gemahlenen Zimt vermischen, bis eine krümelige Konsistenz entsteht.
c) Die Hälfte der Hafermischung gleichmäßig auf dem Boden einer gefetteten Auflaufform verteilen.
d) Gießen Sie die Pfirsichmischung über die Haferschicht.
e) Streuen Sie die restliche Hafermischung über die Pfirsiche.
f) Mindestens 2 Stunden im Kühlschrank lagern, damit die Knusprigkeit fest wird.
g) Gekühlt oder warm servieren und den köstlichen, ungebackenen Pfirsich-Crisp genießen.

59.Apfel-Crisp ohne Backen

ZUTATEN:
- 4 Tassen geschnittene Äpfel
- ¼ Tasse Honig oder Ahornsirup
- 1 Teelöffel Zitronensaft
- 1 Tasse Haferflocken
- ½ Tasse Mandelmehl oder normales Mehl
- ¼ Tasse geschmolzenes Kokosöl oder Butter
- ¼ Tasse Rosinen oder getrocknete Preiselbeeren
- ½ Teelöffel Zimt

ANWEISUNGEN:
a) In einer Rührschüssel die geschnittenen Äpfel, Honig oder Ahornsirup, Zitronensaft, Rosinen (oder getrocknete Preiselbeeren) und Zimt vermischen, bis alles gut bedeckt ist.
b) In einer separaten Schüssel Haferflocken, Mandelmehl (oder normales Mehl), geschmolzenes Kokosöl (oder Butter) und Zimt vermischen, bis eine krümelige Masse entsteht.
c) Die Apfelmischung gleichmäßig in einer Auflaufform verteilen.
d) Streuen Sie die Hafermischung über die Äpfel und bedecken Sie sie vollständig.
e) Mindestens 2 Stunden im Kühlschrank lagern, damit sich die Aromen vermischen können.
f) Gekühlt servieren.

60. Gemischter Beeren-Cobbler ohne Backen

ZUTATEN:
- 4 Tassen gemischte Beeren
- ¼ Tasse Honig oder Ahornsirup
- 1 Teelöffel Zitronensaft
- 1 Tasse Mandelmehl oder normales Mehl
- ½ Tasse Haferflocken
- ¼ Tasse geschmolzenes Kokosöl oder Butter
- ¼ Tasse gehackte Mandeln oder Walnüsse

ANWEISUNGEN:

a) In einer Rührschüssel die gemischten Beeren, den Honig oder Ahornsirup und den Zitronensaft vermischen, bis alles gut bedeckt ist.

b) In einer separaten Schüssel das Mandelmehl (oder normales Mehl), die Haferflocken, das geschmolzene Kokosöl (oder die Butter) und die gehackten Mandeln (oder Walnüsse) vermischen, bis es krümelig ist.

c) Die Beerenmischung gleichmäßig in einer Auflaufform verteilen.

d) Streuen Sie die Hafermischung über die Beeren und bedecken Sie sie vollständig.

e) Mindestens 2 Stunden im Kühlschrank lagern, damit sich die Aromen vermischen können.

f) Gekühlt servieren.

61. Kirsch-Crisp ohne Backen

ZUTATEN:
- 4 Tassen entkernte Kirschen
- ¼ Tasse Honig oder Ahornsirup
- 1 Teelöffel Zitronensaft
- 1 Tasse Mandelmehl oder normales Mehl
- ½ Tasse Haferflocken
- ¼ Tasse geschmolzenes Kokosöl oder Butter
- ¼ Tasse gehobelte Mandeln oder gehackte Pekannüsse

ANWEISUNGEN:
a) In einer Rührschüssel die entkernten Kirschen, Honig oder Ahornsirup und Zitronensaft vermischen, bis alles gut bedeckt ist.
b) In einer separaten Schüssel Mandelmehl (oder normales Mehl), Haferflocken, geschmolzenes Kokosöl (oder Butter) und Mandelscheiben (oder gehackte Pekannüsse) vermischen, bis eine krümelige Konsistenz entsteht.
c) Die Kirschmischung gleichmäßig in einer Auflaufform verteilen.
d) Streuen Sie die Hafermischung über die Kirschen und bedecken Sie sie vollständig.
e) Mindestens 2 Stunden im Kühlschrank lagern, damit sich die Aromen vermischen können.
f) Gekühlt servieren.

62.No-Bake Mango-Kokos- Crumble

ZUTATEN:
- 4 Tassen gewürfelte Mango
- ¼ Tasse Honig oder Ahornsirup
- 1 Teelöffel Limettensaft
- 1 Tasse Kokosraspeln
- ½ Tasse Mandelmehl oder normales Mehl
- ¼ Tasse geschmolzenes Kokosöl oder Butter
- ¼ Tasse gehackte Macadamianüsse oder Cashewnüsse

ANWEISUNGEN:
a) In einer Rührschüssel die gewürfelte Mango, den Honig oder Ahornsirup und den Limettensaft vermischen, bis alles gut bedeckt ist.
b) In einer separaten Schüssel die Kokosraspeln, das Mandelmehl (oder normales Mehl), das geschmolzene Kokosöl (oder die Butter) und die gehackten Macadamia-Nüsse (oder Cashewnüsse) vermischen, bis eine krümelige Konsistenz entsteht.
c) Die Mangomischung gleichmäßig in einer Auflaufform verteilen.
d) Streuen Sie die Kokosnussmischung über die Mango und bedecken Sie sie vollständig.
e) Mindestens 2 Stunden im Kühlschrank lagern, damit sich die Aromen vermischen können.
f) Gekühlt servieren.

63. Blaubeer-Mandel-Crisp ohne Backen

ZUTATEN:
- 4 Tassen frische Blaubeeren
- ¼ Tasse Honig oder Ahornsirup
- 1 Teelöffel Zitronensaft
- 1 Tasse Mandelmehl oder normales Mehl
- ½ Tasse Haferflocken
- ¼ Tasse geschmolzenes Kokosöl oder Butter
- ¼ Tasse gehobelte Mandeln

ANWEISUNGEN:
a) In einer Rührschüssel Blaubeeren, Honig oder Ahornsirup und Zitronensaft vermischen, bis alles gut bedeckt ist.
b) In einer separaten Schüssel das Mandelmehl (oder normales Mehl), die Haferflocken, das geschmolzene Kokosöl (oder die Butter) und die gehobelten Mandeln vermischen, bis es krümelig ist.
c) Die Blaubeermischung gleichmäßig in einer Auflaufform verteilen.
d) Streuen Sie die Mandelmischung über die Blaubeeren und bedecken Sie sie vollständig.
e) Mindestens 2 Stunden im Kühlschrank lagern, damit sich die Aromen vermischen können.
f) Gekühlt servieren.

64. Ungebackener Drachenfrucht-Crumble

ZUTATEN:
- 2 Drachenfrüchte, geschöpft und gewürfelt
- 1 Esslöffel Limettensaft
- ¼ Tasse Kristallzucker
- 1 Tasse Mandelmehl
- ¼ Tasse Kokosraspeln
- ¼ Tasse gehackte Macadamianüsse
- 2 Esslöffel Honig
- 2 Esslöffel Kokosöl, geschmolzen

ANWEISUNGEN:
a) In einer Schüssel die gewürfelten Drachenfrüchte, den Limettensaft und den Kristallzucker vermischen. Gut mischen.
b) In einer anderen Schüssel Mandelmehl, Kokosraspeln, gehackte Macadamia-Nüsse, Honig und geschmolzenes Kokosöl krümelig vermischen.
c) Nehmen Sie einzelne Servierschalen und schichten Sie die Drachenfruchtmischung darauf, gefolgt von der Mandelmehlmischung.
d) Wiederholen Sie die Schichten, bis alle Zutaten aufgebraucht sind, und legen Sie zum Schluss die Mandelmehlmischung darauf.
e) Mindestens 1 Stunde im Kühlschrank lagern, damit sich die Aromen vermischen.
f) Kühl servieren und den einzigartigen Geschmack der Drachenfrucht genießen!

65. No-Bake-Litschi-Crisp

ZUTATEN:
- 2 Tassen frische Litschis, geschält und entkernt
- 1 Esslöffel Zitronensaft
- ¼ Tasse Kristallzucker
- 1 Tasse zerkleinerte Lebkuchenplätzchen
- ¼ Tasse gehobelte Mandeln
- 2 Esslöffel Honig
- 2 Esslöffel ungesalzene Butter, geschmolzen

ANWEISUNGEN:
a) In einer Schüssel Litschis, Zitronensaft und Kristallzucker vermischen. Gut vermischen, um die Litschis zu bedecken.
b) In einer anderen Schüssel die zerkleinerten Lebkuchenplätzchen, die Mandelblättchen, den Honig und die geschmolzene Butter krümelig verrühren.
c) Nehmen Sie einzelne Servierschalen und schichten Sie die Litschi-Mischung und dann die Keksmischung darauf.
d) Wiederholen Sie die Schichten, bis alle Zutaten aufgebraucht sind, und schließen Sie mit der Keksmischung oben ab.
e) Mindestens 1 Stunde im Kühlschrank lagern, damit sich die Aromen vermischen.
f) Kühl servieren und den einzigartigen Geschmack von Litschis genießen!

66. Papaya-Cobbler ohne Backen

ZUTATEN:
- 2 reife Papayas, geschält, entkernt und gewürfelt
- 1 Esslöffel Limettensaft
- ¼ Tasse Kristallzucker
- 1 Teelöffel gemahlener Ingwer
- 1 Tasse zerdrückte Vanillewaffeln
- ¼ Tasse gehackte Pistazien
- 2 Esslöffel Honig
- 2 Esslöffel ungesalzene Butter, geschmolzen

ANWEISUNGEN:
a) In einer Schüssel die gewürfelten Papayas, den Limettensaft, den Kristallzucker und den gemahlenen Ingwer vermischen. Gut mischen.
b) In einer anderen Schüssel die zerdrückten Vanillewaffeln, die gehackten Pistazien, den Honig und die geschmolzene Butter krümelig verrühren.
c) Nehmen Sie einzelne Servierschalen und schichten Sie die Papaya-Mischung und dann die Waffel-Mischung darauf.
d) Wiederholen Sie die Schichten, bis alle Zutaten aufgebraucht sind, und schließen Sie mit der Waffelmischung oben ab.
e) Mindestens 1 Stunde im Kühlschrank lagern, damit sich die Aromen vermischen.
f) Kühl servieren und den tropischen Geschmack der Papayas genießen!

67. Kiwi-Crumble ohne Backen

ZUTATEN:
- 4 Kiwis, geschält und in Scheiben geschnitten
- 1 Esslöffel Zitronensaft
- ¼ Tasse Kristallzucker
- 1 Tasse zerkleinerte Graham Cracker
- ¼ Tasse gehackte Macadamianüsse
- 2 Esslöffel Honig
- 2 Esslöffel ungesalzene Butter, geschmolzen

ANWEISUNGEN:
a) In einer Schüssel die Kiwischeiben mit Zitronensaft und Kristallzucker vermengen, bis sie gut bedeckt sind.
b) In einer anderen Schüssel die zerkleinerten Graham Cracker, die gehackten Macadamianüsse, den Honig und die geschmolzene Butter krümelig vermischen.
c) Nehmen Sie einzelne Servierschalen und schichten Sie die Kiwi-Mischung und dann die Cracker-Mischung darauf.
d) Wiederholen Sie die Schichten, bis alle Zutaten aufgebraucht sind, und schließen Sie mit der Cracker-Mischung oben ab.
e) Mindestens 1 Stunde im Kühlschrank lagern, damit sich die Aromen vermischen.
f) Kühl servieren und die würzige Süße der Kiwis genießen!

68. Passionsfrucht-Cobbler ohne Backen

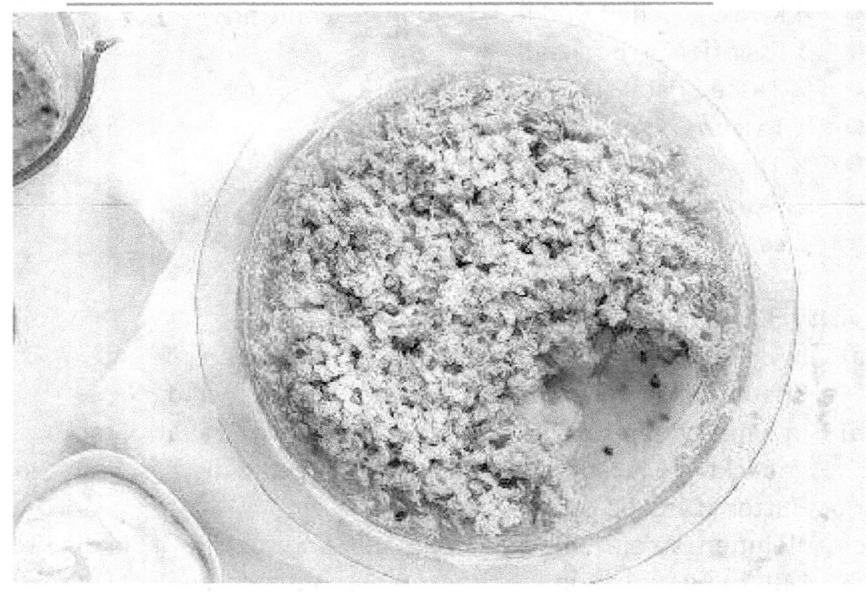

ZUTATEN:
- 6 Passionsfrüchte, Fruchtfleisch herausgeschöpft
- 1 Esslöffel Limettensaft
- ¼ Tasse Kristallzucker
- 1 Teelöffel Vanilleextrakt
- 1 Tasse zerkleinerte Shortbread-Kekse
- ¼ Tasse Kokosraspeln
- 2 Esslöffel Honig
- 2 Esslöffel ungesalzene Butter, geschmolzen

ANWEISUNGEN:
a) In einer Schüssel Passionsfruchtmark, Limettensaft, Kristallzucker und Vanilleextrakt vermischen. Gut mischen.
b) Mischen Sie in einer anderen Schüssel die zerkleinerten Shortbread-Kekse, die Kokosraspeln, den Honig und die geschmolzene Butter, bis sie krümelig sind.
c) Nehmen Sie einzelne Servierschalen und schichten Sie die Passionsfruchtmischung darauf, gefolgt von der Keksmischung.
d) Wiederholen Sie die Schichten, bis alle Zutaten aufgebraucht sind, und schließen Sie mit der Keksmischung oben ab.
e) Mindestens 1 Stunde im Kühlschrank lagern, damit sich die Aromen vermischen.
f) Kühl servieren und den einzigartigen tropischen Geschmack der Passionsfrucht genießen!

KUCHEN

69. Rumkuchen ohne Backen

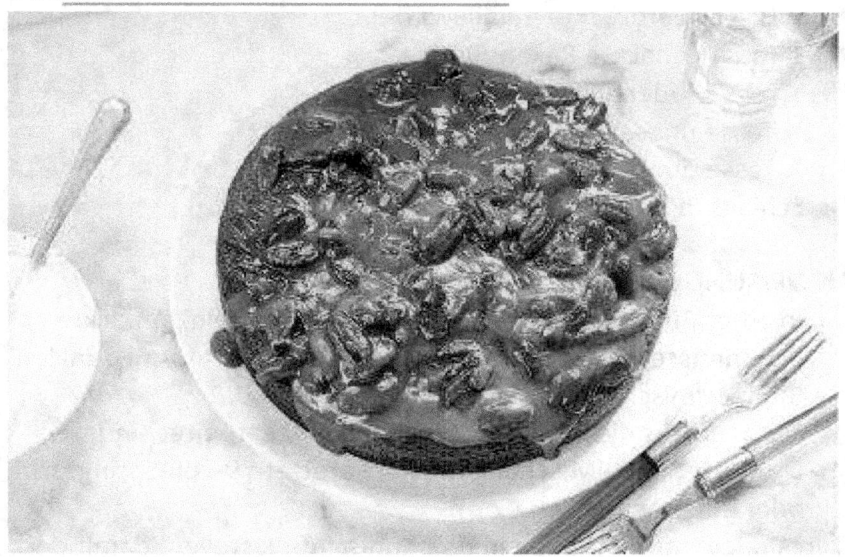

ZUTATEN:
- 2 Tassen zerdrückte Vanillewaffeln
- 1 Tasse gehackte Pekannüsse
- 1 Tasse Puderzucker
- ½ Tasse ungesalzene Butter, geschmolzen
- ¼ Tasse dunkler Rum
- Schlagsahne zum Garnieren (optional)

ANWEISUNGEN:
a) In einer Rührschüssel zerdrückte Vanillewaffeln, gehackte Pekannüsse, Puderzucker, geschmolzene Butter und dunklen Rum vermischen.
b) Mischen, bis die Zutaten vollständig eingearbeitet sind.
c) Drücken Sie die Mischung in eine gefettete 9-Zoll-Springform oder eine rechteckige Form.
d) Mindestens 2 Stunden in den Kühlschrank stellen, damit der Kuchen fest wird.
e) Vor dem Servieren nach Belieben mit Schlagsahne garnieren.

70. Siebenschichtiger Kuchen ohne Backen

ZUTATEN:
- 1 Packung Graham Cracker
- 1 Tasse ungesalzene Butter, geschmolzen
- 1 Tasse Kokosraspeln
- 1 Tasse gehackte Nüsse (z. B. Walnüsse, Pekannüsse)
- 1 Tasse Schokoladenstückchen
- 1 Tasse Butterscotch-Chips
- 1 Tasse gesüßte Kondensmilch

ANWEISUNGEN:
a) Den Boden einer rechteckigen Form mit Graham Crackern auslegen.
b) Mischen Sie in einer Schüssel geschmolzene Butter, Kokosraspeln, gehackte Nüsse, Schokoladenstückchen, Butterscotchstückchen und gesüßte Kondensmilch, bis alles gut vermischt ist.
c) Verteilen Sie eine Schicht der Mischung auf den Graham Crackern.
d) Wiederholen Sie die Schichten der Graham Cracker und der Mischung, bis alle Zutaten aufgebraucht sind, und schließen Sie mit einer Schicht der Mischung darüber ab.
e) Mindestens 4 Stunden oder über Nacht in den Kühlschrank stellen, damit der Kuchen fest wird.
f) Schneiden Sie den köstlichen siebenschichtigen Kuchen ohne Backen in Scheiben und genießen Sie ihn.

71. Schokoladen-Sahne-Torte ohne Backen

ZUTATEN:
- 2 Packungen Schokoladen-Sandwich-Kekse
- ½ Tasse ungesalzene Butter, geschmolzen
- 2 Tassen Sahne
- ¼ Tasse Puderzucker
- 1 Teelöffel Vanilleextrakt
- Schokoladenraspeln oder Kakaopulver zum Garnieren (optional)

ANWEISUNGEN:
a) Zerkleinern Sie die Schokoladen-Sandwich-Kekse mit einer Küchenmaschine oder indem Sie sie in einen verschlossenen Plastikbeutel geben und mit einem Nudelholz zerdrücken.
b) In einer Rührschüssel die Kekskrümel und die geschmolzene Butter vermischen, bis die Mischung nassem Sand ähnelt.
c) Drücken Sie die Keksmischung auf den Boden einer gefetteten Springform, um eine Kruste zu bilden. Zum Abkühlen in den Kühlschrank stellen.
d) Schlagen Sie in einer separaten Rührschüssel Sahne, Puderzucker und Vanilleextrakt auf, bis sich steife Spitzen bilden.
e) Eine Schicht Schlagsahne auf dem gekühlten Keksboden verteilen.
f) Wiederholen Sie den Vorgang mit einer weiteren Schicht Kekskrümel und Schlagsahne, bis alle Zutaten aufgebraucht sind, und schließen Sie mit einer Schicht Schlagsahne darüber ab.
g) Stellen Sie den Kuchen mindestens 4 Stunden lang oder bis er fest ist in den Kühlschrank.
h) Vor dem Servieren mit Schokoladenraspeln garnieren oder nach Belieben mit Kakaopulver bestäuben.
i) Schneiden Sie diese dekadente No-Bake-Schokoladencremetorte in Scheiben und genießen Sie sie!

72. Obstkuchen ohne Backen

ZUTATEN:
- 2 Tassen gemischte Trockenfrüchte (wie Rosinen, Preiselbeeren, gehackte Datteln und Aprikosen)
- ½ Tasse ungesalzene Butter
- ½ Tasse brauner Zucker
- ½ Tasse Apfelsaft oder Orangensaft
- 2 Tassen zerkleinerte Graham Cracker oder Vanillewaffeln
- ½ Tasse gehackte Nüsse (z. B. Walnüsse oder Mandeln)
- ½ Tasse Kokosraspeln
- 1 Teelöffel gemahlener Zimt
- ½ Teelöffel gemahlene Muskatnuss
- ¼ Teelöffel gemahlene Nelken
- ¼ Teelöffel Salz
- ½ Tasse Puderzucker (zum Bestäuben)

ANWEISUNGEN:
a) In einem Topf gemischte Trockenfrüchte, Butter, braunen Zucker und Apfelsaft oder Orangensaft vermischen.
b) Die Mischung bei mittlerer Hitze unter ständigem Rühren zum Kochen bringen.
c) Reduzieren Sie die Hitze auf eine niedrige Stufe und lassen Sie das Ganze 5 Minuten lang köcheln, dabei gelegentlich umrühren.
d) Den Topf vom Herd nehmen und die Mischung einige Minuten abkühlen lassen.
e) In einer großen Rührschüssel zerkleinerte Graham Cracker oder Vanillewaffeln, gehackte Nüsse, Kokosraspeln, gemahlenen Zimt, gemahlene Muskatnuss, gemahlene Nelken und Salz vermischen.
f) Gießen Sie die abgekühlte Fruchtmischung über die trockene Zutatenmischung. Rühren, bis alles gut vermischt ist.
g) Eine Kasten- oder Kuchenform mit Frischhaltefolie oder Backpapier auslegen, so dass etwas Überschuss an den Seiten übersteht.
h) Geben Sie die Obstkuchenmasse in die vorbereitete Form und drücken Sie sie fest an.
i) Falten Sie die überschüssige Plastikfolie oder das Pergamentpapier über die Oberseite des Kuchens.
j) Den Obstkuchen mindestens 4 Stunden oder über Nacht in den Kühlschrank stellen.
k) Vor dem Servieren den Kuchen aus der Form nehmen und mit Puderzucker bestäuben.
l) Schneiden Sie diesen saftigen und aromatischen No-Bake-Obstkuchen in Scheiben und genießen Sie ihn!

73. No-Bake-Mazoh-Schichtkuchen

ZUTATEN:
- 4-6 Stück Schokoladenmatze
- 2 Tassen Schlagsahne oder Schlagsahne
- 1 Tasse Obstkonfitüre (z. B. Himbeere oder Erdbeere)
- Frische Beeren zum Garnieren (optional)

ANWEISUNGEN:
a) Legen Sie eine Schicht Matzoh-Stücke in einer einzigen Schicht auf eine Servierplatte oder einen Teller.
b) Verteilen Sie eine Schicht Schlagsahne oder Schlagsahne auf der Matze.
c) Auf der Schlagsahneschicht eine Schicht Obstkonfitüre verteilen.
d) Wiederholen Sie die Schichten, bis Ihnen die Zutaten ausgehen, und schließen Sie mit einer Schicht Schlagsahne darüber.
e) Stellen Sie die Matze-Torte mindestens 4 Stunden oder über Nacht in den Kühlschrank, damit die Matze weich wird.
f) Vor dem Servieren nach Belieben mit frischen Beeren garnieren.
g) Schneiden Sie diesen köstlichen und einzigartigen No-Bake-Matzoh-Torte in Scheiben und genießen Sie ihn!

74. No-Bake-Kirsch-Pudding-Kuchen

ZUTATEN:

- 2 Tassen Graham-Cracker-Krümel
- ½ Tasse ungesalzene Butter, geschmolzen
- 2 (8 Unzen) Packungen Frischkäse, weich
- 1 Tasse Puderzucker
- 1 Teelöffel Vanilleextrakt
- 1 Tasse Sahne, geschlagen
- 1 (21 Unzen) Dose Kirschkuchenfüllung

ANWEISUNGEN:

a) In einer mittelgroßen Schüssel die Graham-Cracker-Krümel und die geschmolzene Butter vermischen. Mischen, bis die Krümel gleichmäßig mit Butter bedeckt sind.
b) Drücken Sie die Krümelmischung auf den Boden einer 9-Zoll-Springform, sodass eine gleichmäßige Schicht entsteht. Stellen Sie die Pfanne zum Abkühlen in den Kühlschrank, während Sie die Füllung zubereiten.
c) In einer großen Rührschüssel den Frischkäse glatt und cremig schlagen.
d) Puderzucker und Vanilleextrakt zum Frischkäse geben und weiter schlagen, bis alles gut vermischt ist.
e) Schlagsahne vorsichtig unterheben.
f) Gießen Sie die Frischkäsemischung über den gekühlten Boden in der Springform und verteilen Sie sie gleichmäßig.
g) Die Kirschkuchenfüllung über die Frischkäsemischung geben und so verteilen, dass eine Schicht entsteht.
h) Decken Sie die Pfanne mit Plastikfolie ab und stellen Sie sie mindestens 4 Stunden oder über Nacht in den Kühlschrank, damit sie fest wird.
i) Sobald der Kuchen fest ist, entfernen Sie die Seiten der Springform und schneiden Sie den Kuchen zum Servieren in Scheiben. Genießen Sie den köstlichen No-Bake-Kirsch-Pudding-Kuchen!

75.Mango-Kokos-Kuchen ohne Backen

ZUTATEN:
- 2 Tassen Graham-Cracker-Krümel
- 1 Tasse ungesüßte Kokosraspeln
- 1 Tasse Mangopüree
- 1 Tasse Schlagsahne
- ½ Tasse Kondensmilch
- ¼ Tasse geschmolzene Butter
- Frische Mangoscheiben zum Garnieren

ANWEISUNGEN:

a) In einer Rührschüssel Graham-Cracker-Krümel, Kokosraspeln und geschmolzene Butter vermischen. Mischen, bis die Krümel bedeckt sind.
b) Drücken Sie die Hälfte der Krümelmischung auf den Boden einer runden Kuchen- oder Springform, um die Kruste zu bilden.
c) Mangopüree und Kondensmilch in einer separaten Schüssel gut verrühren.
d) Die Schlagsahne unter die Mangomischung heben, bis eine glatte Masse entsteht.
e) Gießen Sie die Mangomischung über den Boden in der Kuchenform.
f) Die restliche Krümelmischung als Garnitur darüber streuen.
g) Mindestens 4 Stunden oder bis es fest ist im Kühlschrank lagern.
h) Vor dem Servieren mit frischen Mangoscheiben garnieren.

76. Erdnussbutter-Schokoladenkuchen ohne Backen

ZUTATEN:
- 2 Tassen Schokoladenwaffelkekse, zerkleinert
- 1 Tasse cremige Erdnussbutter
- 1 Tasse Puderzucker
- 1 Tasse Schlagsahne
- ½ Tasse geschmolzene Schokolade zum Beträufeln
- Zerkleinerte Erdnüsse zum Garnieren

ANWEISUNGEN:
a) In einer Rührschüssel zerkleinerte Schokoladenwaffelkekse, Erdnussbutter, Puderzucker und Schlagsahne vermischen. Mischen, bis alles gut vermischt ist.
b) Drücken Sie die Hälfte der Mischung auf den Boden einer runden Kuchen- oder Springform, um den Boden zu bilden.
c) Eine Schicht geschmolzene Schokolade auf der Kruste verteilen.
d) Gießen Sie die restliche Erdnussbuttermischung über die Schokoladenschicht.
e) Zum Garnieren geschmolzene Schokolade darüber träufeln.
f) Zerkleinerte Erdnüsse über den Kuchen streuen.
g) Mindestens 4 Stunden oder bis es fest ist im Kühlschrank lagern.

77. Erdbeer-Limonaden-Kuchen ohne Backen

ZUTATEN:
- 2 Tassen Graham-Cracker-Krümel
- 1 Tasse geschmolzene Butter
- 1 Tasse Erdbeerpüree
- 1 Tasse Schlagsahne
- ½ Tasse Puderzucker
- Schale von 2 Zitronen
- Frische Erdbeeren zum Garnieren

ANWEISUNGEN:
a) In einer Rührschüssel Graham-Cracker-Krümel und geschmolzene Butter vermengen. Mischen, bis die Krümel bedeckt sind.
b) Drücken Sie die Hälfte der Krümelmischung auf den Boden einer runden Kuchen- oder Springform, um die Kruste zu bilden.
c) In einer separaten Schüssel Erdbeerpüree, Schlagsahne, Puderzucker und Zitronenschale gut vermischen.
d) Gießen Sie die Erdbeermischung über den Boden in der Kuchenform.
e) Die Mischung gleichmäßig verteilen und die Oberseite glatt streichen.
f) Mindestens 4 Stunden oder bis es fest ist im Kühlschrank lagern.
g) Vor dem Servieren mit frischen Erdbeeren garnieren.

BROWNIES, BARS & SQUARES

78. Super-fudgy dreifache Schokoladen-Brownies

ZUTATEN:
- 2 Tassen Schokoladenwaffelkrümel
- 1 Tasse ungesalzene Butter, geschmolzen
- 1 Tasse Schokoladenstückchen
- 1/2 Tasse weiße Schokoladenstückchen
- 1/2 Tasse dunkle Schokoladenstücke
- 1 Tasse gesüßte Kondensmilch

ANWEISUNGEN:
a) In einer Schüssel Schokoladenwaffelkrümel mit zerlassener Butter vermischen.
b) Drücken Sie die Mischung in eine mit Backpapier ausgelegte Pfanne, um den Boden zu formen.
c) Mischen Sie in einer anderen Schüssel Schokoladenstückchen, weiße Schokoladenstückchen, dunkle Schokoladenstücke und gesüßte Kondensmilch.
d) Verteilen Sie die Schokoladenmischung gleichmäßig auf der Kruste.
e) Bis zum Festwerden im Kühlschrank aufbewahren, dann in Quadrate schneiden und servieren.

79. Jammie Dodger Blondies

ZUTATEN:

- 2 Tassen Graham-Cracker-Krümel
- 1 Tasse ungesalzene Butter, geschmolzen
- 1 Tasse hellbrauner Zucker
- 2 Tassen Puderzucker
- 1 Tasse cremige Erdnussbutter
- 1 Teelöffel Vanilleextrakt
- 1 Tasse Himbeermarmelade
- Jammie Dodger-Kekse als Belag

ANWEISUNGEN:

a) Graham-Cracker-Krümel mit zerlassener Butter vermischen und in eine mit Backpapier ausgelegte Pfanne drücken, um den Boden zu bilden.
b) In einer Schüssel braunen Zucker, Puderzucker, Erdnussbutter und Vanilleextrakt glatt rühren.
c) Die Erdnussbuttermischung auf der Kruste verteilen.
d) Die Himbeermarmelade leicht erwärmen und über die Erdnussbutterschicht schwenken.
e) Mit Jammie-Dodger-Keksen belegen.
f) Bis zum Festwerden im Kühlschrank aufbewahren, dann in Riegel schneiden und servieren.

80.No-Bake-Schokoladen-Butterfluff- Quadrate

ZUTATEN:
- 1 Tasse halbsüße Schokoladenstückchen
- ½ Tasse cremige Erdnussbutter
- 3 Tassen Mini-Marshmallows
- 3 Tassen knuspriges Reismüsli
- ½ Tasse gehackte Erdnüsse (optional)

ANWEISUNGEN:

a) In einer mikrowellengeeigneten Schüssel die Schokoladenstückchen und die Erdnussbutter unter Rühren schmelzen, bis eine glatte Masse entsteht.
b) In einer großen Rührschüssel Mini-Marshmallows, knuspriges Reismüsli und gehackte Erdnüsse (falls verwendet) vermischen.
c) Gießen Sie die geschmolzene Schokoladenmischung über die Müslimischung und rühren Sie, bis sie gut bedeckt ist.
d) Drücken Sie die Mischung in eine gefettete 9 x 9 Zoll große Auflaufform.
e) Mindestens 2 Stunden in den Kühlschrank stellen, damit der Butterfluff fest wird.
f) In Quadrate schneiden und servieren.

81. Konfetti-Müsliquadrate ohne Backen

ZUTATEN:
- 4 Tassen Konfetti-Müsli (z. B. Fruity Pebbles oder ähnliches)
- ¼ Tasse ungesalzene Butter
- 1 Packung (10 oz) Mini-Marshmallows
- Streusel zum Garnieren (optional)

ANWEISUNGEN:
a) Eine 9 x 9 Zoll große Auflaufform einfetten und beiseite stellen.
b) In einem großen Topf die Butter bei schwacher Hitze schmelzen.
c) Die Mini-Marshmallows zur geschmolzenen Butter geben und rühren, bis sie vollständig geschmolzen und glatt sind.
d) Den Topf vom Herd nehmen und das Konfetti-Müsli hinzufügen. Rühren, bis alles gut bedeckt ist.
e) Die Masse in die vorbereitete Auflaufform geben und gleichmäßig andrücken.
f) Bei Bedarf weitere Streusel darüber streuen.
g) Lassen Sie die Müsliquadrate abkühlen und bei Zimmertemperatur fest werden.
h) Schneiden Sie es in Quadrate und genießen Sie diese farbenfrohen und lustigen Konfetti-Müsliquadrate ohne Backen!

82. Himbeer-Zitronen-Riegel ohne Backen

ZUTATEN:
- 2 Tassen Graham-Cracker-Krümel
- ½ Tasse geschmolzene Butter
- 16 Unzen Frischkäse, weich
- 1 Tasse Puderzucker
- Schale von 2 Zitronen
- 1 Tasse Himbeerkonfitüre
- Frische Himbeeren zum Garnieren

ANWEISUNGEN:
a) In einer Rührschüssel Graham-Cracker-Krümel und geschmolzene Butter vermischen. Mischen, bis die Krümel bedeckt sind.
b) Drücken Sie die Krümelmischung auf den Boden einer rechteckigen Auflaufform, um eine Kruste zu bilden.
c) In einer separaten Schüssel Frischkäse, Puderzucker und Zitronenschale glatt und cremig schlagen.
d) Die Frischkäsemischung auf dem Boden der Auflaufform verteilen.
e) Geben Sie einen Löffel Himbeerkonfitüre über die Frischkäseschicht und schwenken Sie sie vorsichtig mit einem Messer.
f) Mindestens 4 Stunden oder bis es fest ist im Kühlschrank lagern.
g) Vor dem Servieren mit frischen Himbeeren garnieren.

83. No-Bake-Trail-Riegel

ZUTATEN:
- 2 Tassen Haferflocken
- 1 Tasse knuspriges Reismüsli
- ½ Tasse Erdnussbutter
- ½ Tasse Honig
- ½ Tasse gehackte Nüsse (z. B. Mandeln oder Cashewnüsse)
- ½ Tasse Trockenfrüchte (z. B. Preiselbeeren oder Rosinen)
- ¼ Tasse Mini-Schokoladenstückchen (optional)

ANWEISUNGEN:

a) Kombinieren Sie in einer Rührschüssel Haferflocken, knuspriges Reismüsli, Erdnussbutter, Honig, gehackte Nüsse, Trockenfrüchte und Mini-Schokoladenstückchen (falls verwendet). Rühren, bis alles gut vermischt ist.

b) Drücken Sie die Mischung in eine gefettete 9 x 9 Zoll große Auflaufform und glätten Sie sie mit der Rückseite eines Löffels.

c) Die Riegel mindestens 2 Stunden lang oder bis sie fest sind im Kühlschrank lagern.

d) In Riegel schneiden und diese nahrhaften Riegel ohne Backen genießen!

84. Müsliriegel ohne Backen

ZUTATEN:
- 2 Tassen Haferflocken
- 1 Tasse knuspriges Reismüsli
- ½ Tasse Honig
- ½ Tasse Erdnussbutter (oder Mandelbutter für eine nussfreie Variante)
- 1 Teelöffel Vanilleextrakt
- ½ Tasse Mini-Schokoladenstückchen
- ¼ Tasse Trockenfrüchte (wie Rosinen, Preiselbeeren oder gehackte Aprikosen)

ANWEISUNGEN:
a) In einer großen Rührschüssel Haferflocken und knuspriges Reismüsli vermischen.
b) In einer mikrowellengeeigneten Schüssel Honig und Erdnussbutter (oder Mandelbutter) erhitzen, bis sie geschmolzen und glatt sind. Sie können sie auch auf dem Herd bei schwacher Hitze erhitzen.
c) Die Schüssel vom Herd nehmen und Vanilleextrakt einrühren.
d) Gießen Sie die Honig-Erdnussbutter-Mischung über die trockenen Zutaten. Rühren, bis alles gut vermischt ist.
e) Fügen Sie der Mischung Mini-Schokoladenstückchen und Trockenfrüchte hinzu. Rühren, bis es gleichmäßig verteilt ist.
f) Übertragen Sie die Mischung in eine gefettete oder ausgelegte 9x9-Zoll-Auflaufform. Drücken Sie es fest an, um eine gleichmäßige Schicht zu erzeugen.
g) Bewahren Sie die Müsliriegel mindestens 2 Stunden lang oder bis sie fest sind im Kühlschrank auf.
h) Sobald es fest ist, in Riegel schneiden und in einem luftdichten Behälter aufbewahren.
i) Genießen Sie diese gesunden Müsliriegel ohne Backen als nahrhaften Snack!

85. No-Bake-Schokoladen-Kokos-Quadrate

ZUTATEN:
- 1 ½ Tassen Schokoladenkekskrümel
- ¼ Tasse ungesalzene Butter, geschmolzen
- 1 ½ Tassen Kokosraspeln
- ½ Tasse gehackte Nüsse (wie Mandeln oder Walnüsse)
- 1 Dose (14 oz) gesüßte Kondensmilch
- 1 Tasse halbsüße Schokoladenstückchen
- ¼ Tasse ungesalzene Butter
- 1 Teelöffel Vanilleextrakt

ANWEISUNGEN:
a) In einer Rührschüssel Schokoladenkekskrümel und geschmolzene Butter vermischen. Rühren, bis die Krümel gleichmäßig bedeckt sind.
b) Drücken Sie die Mischung auf den Boden einer gefetteten oder ausgelegten 23 x 23 cm großen Auflaufform, um eine Kruste zu bilden. Zum Abkühlen in den Kühlschrank stellen, während die Füllung zubereitet wird.
c) In einer separaten Rührschüssel Kokosraspeln und gehackte Nüsse vermischen.
d) Gießen Sie gesüßte Kondensmilch über die Kokosnuss-Nuss-Mischung und rühren Sie, bis alles gut vermischt ist.
e) Die Kokos-Nuss-Mischung auf dem vorbereiteten Boden verteilen und gleichmäßig andrücken.
f) In einem kleinen Topf die Schokoladenstückchen und die ungesalzene Butter bei schwacher Hitze schmelzen und glatt rühren.
g) Den Topf vom Herd nehmen und Vanilleextrakt einrühren.
h) Gießen Sie die Schokoladenmischung über die Kokosnuss-Nuss-Schicht und verteilen Sie sie gleichmäßig.
i) Stellen Sie die Quadrate mindestens 2 Stunden lang in den Kühlschrank, bis sie fest sind.
j) Schneiden Sie es in Quadrate und genießen Sie diese reichhaltigen und köstlichen, ohne Backen gefrosteten Schokoladen-Kokos-Quadrate!

86. Ungebackene Ingwer-Orangen-Quadrate

ZUTATEN:
- 2 Tassen Lebkuchenplätzchenkrümel
- ½ Tasse ungesalzene Butter, geschmolzen
- 1 Packung (8 oz) Frischkäse, weich
- ½ Tasse Puderzucker
- 1 Esslöffel Orangenschale
- 1 Tasse Sahne
- Kandierter Ingwer zum Garnieren (optional)

ANWEISUNGEN:
a) In einer Rührschüssel die Kekskrümel und die geschmolzene Butter vermischen. Rühren, bis die Krümel gleichmäßig bedeckt sind.
b) Drücken Sie die Mischung auf den Boden einer gefetteten oder ausgelegten 23 x 23 cm großen Auflaufform, um eine Kruste zu bilden. Zum Abkühlen in den Kühlschrank stellen, während die Füllung zubereitet wird.
c) In einer separaten Rührschüssel Frischkäse, Puderzucker und Orangenschale glatt und cremig schlagen.
d) In einer anderen Schüssel die Sahne schlagen, bis sich steife Spitzen bilden.
e) Die Schlagsahne vorsichtig unter die Frischkäsemischung heben, bis sie vollständig eingearbeitet ist.
f) Die Füllung über den vorbereiteten Boden gießen und gleichmäßig verteilen.
g) Stellen Sie die Quadrate mindestens 4 Stunden lang oder bis sie fest sind im Kühlschrank.
h) Vor dem Servieren nach Belieben mit kandiertem Ingwer garnieren.
i) In Quadrate schneiden und diese köstlichen Ingwer-Orangen-Quadrate ohne Backen genießen!

87. Walnuss - Brownies ohne Backen

ZUTATEN:
- 1 ½ Tassen Datteln, entkernt
- 1 Tasse Walnüsse
- ¼ Tasse Kakaopulver
- 1 Teelöffel Vanilleextrakt
- Prise Salz

ANWEISUNGEN:
a) Datteln, Walnüsse, Kakaopulver, Vanilleextrakt und Salz in eine Küchenmaschine geben.
b) Verarbeiten, bis die Mischung zusammenkommt und einen klebrigen Teig bildet.
c) Den Teig in eine mit Backpapier ausgelegte quadratische oder rechteckige Form drücken.
d) Zum Festwerden mindestens 1 Stunde kühl stellen.
e) In Brownie-Quadrate schneiden und servieren.

88.Chipits-Müsliriegel ohne Backen

ZUTATEN:
- 3 Tassen Müsli Ihrer Wahl (z. B. Rice Krispies, Corn Flakes oder jedes andere knusprige Müsli)
- 1 Tasse Chipits
- ½ Tasse glatte Erdnussbutter
- ¼ Tasse Honig oder Ahornsirup
- 1 Teelöffel Vanilleextrakt

Optionale Toppings
- Kokosraspeln
- Gehackte Nüsse
- Schokoladenstückchen

ANWEISUNGEN:
a) In einer großen Rührschüssel das Müsli vermischen und beiseite stellen.
b) In einer mikrowellengeeigneten Schüssel die Chipits-Schokoladenstückchen, Erdnussbutter und Honig (oder Ahornsirup) in 30-Sekunden-Intervallen schmelzen und zwischendurch umrühren, bis sie vollständig geschmolzen und glatt sind.
c) Den Vanilleextrakt in die geschmolzene Mischung einrühren.
d) Gießen Sie die geschmolzene Mischung über das Müsli und mischen Sie, bis das Müsli gleichmäßig bedeckt ist.
e) Drücken Sie die Mischung fest in eine mit Backpapier ausgelegte 9 x 9 Zoll große Auflaufform.
f) Streuen Sie bei Bedarf Kokosraspeln, gehackte Nüsse oder weitere Schokoladenstückchen darüber und drücken Sie sie vorsichtig in die Mischung.
g) Stellen Sie die Müsliriegel mindestens 1 Stunde lang in den Kühlschrank, bis sie fest sind.
h) Sobald die Riegel abgekühlt und fest geworden sind, nehmen Sie sie aus der Auflaufform und schneiden Sie sie in Quadrate oder Riegel.
i) Bewahren Sie die No-Bake-Chipits-Müsliriegel in einem luftdichten Behälter bis zu 1 Woche im Kühlschrank auf.

89. Erdnuss-Brownies ohne Backen

ZUTATEN:
- 2 Tassen Erdnüsse, ungesalzen
- 1 Tasse entkernte Datteln
- ¼ Tasse ungesüßtes Kakaopulver
- ¼ Tasse Honig oder Ahornsirup
- 1 Teelöffel Vanilleextrakt
- Prise Salz

ANWEISUNGEN:
a) Geben Sie die Erdnüsse in eine Küchenmaschine und verarbeiten Sie sie, bis sie fein gemahlen sind.
b) Geben Sie die entkernten Datteln, Kakaopulver, Honig oder Ahornsirup, Vanilleextrakt und Salz in die Küchenmaschine.
c) Alle Zutaten vermischen, bis eine klebrige und krümelige Masse entsteht.
d) Eine quadratische Auflaufform mit Backpapier auslegen.
e) Geben Sie die Mischung in die mit Backpapier ausgelegte Form und drücken Sie sie fest an, sodass eine gleichmäßige Schicht entsteht.
f) Stellen Sie die Brownies mindestens 1–2 Stunden lang in den Kühlschrank, damit sie fest werden.
g) Sobald die Brownies fest sind, nehmen Sie sie aus der Form, schneiden Sie sie in Quadrate und servieren Sie sie. Diese ungebackenen Erdnuss-Brownies sind eine köstliche und gesündere Alternative zu herkömmlichen Brownies.

ENERGIEBÄLLE & BISSE

90. Schokoladen-Fudge-Kuchenbällchen

ZUTATEN:
- 2 Tassen Schokoladenfondant-Kuchenkrümel
- 1/2 Tasse Schokoladenglasur
- Schokoladenüberzug (geschmolzene Schokolade)

ANWEISUNGEN:
a) Schokoladen-Fudge-Kuchenkrümel mit Schokoladenglasur vermischen.
b) Rollen Sie die Mischung zu Kugeln und legen Sie diese auf ein mit Backpapier ausgelegtes Tablett.
c) Tauchen Sie jede Kugel zum Überziehen in geschmolzene Schokolade.
d) Lassen Sie sie vor dem Servieren im Kühlschrank fest werden.

91. Mandelschneebälle ohne Backen

ZUTATEN:
- 1 Tasse Mandelmehl
- ¼ Tasse Ahornsirup
- ¼ Tasse Mandelbutter
- ½ Teelöffel Mandelextrakt
- ½ Tasse Kokosraspeln

ANWEISUNGEN:
a) In einer Rührschüssel Mandelmehl, Ahornsirup, Mandelbutter und Mandelextrakt vermischen. Rühren, bis alles gut vermischt ist.
b) Nehmen Sie kleine Portionen der Mischung und rollen Sie sie zu mundgerechten Kugeln.
c) Rollen Sie jede Kugel in Kokosraspeln, bis sie gleichmäßig bedeckt ist.
d) Legen Sie die Schneebälle auf ein mit Backpapier ausgelegtes Backblech.
e) Zum Festwerden mindestens 1 Stunde kühl stellen.
f) Kühl servieren und diese herrlichen Mandelschneebälle genießen.

92.Kakao-Bourbon-Kugeln ohne Backen

ZUTATEN:
- 2 Tassen fein zerkleinerte Schokoladenwaffelkekse
- 1 Tasse Puderzucker
- 1 Tasse gehackte Pekannüsse
- 3 Esslöffel ungesüßtes Kakaopulver
- ¼ Tasse Bourbon oder Whiskey
- 2 Esslöffel heller Maissirup

ANWEISUNGEN:
a) In einer großen Rührschüssel zerkleinerte Schokoladenwaffelkekse, Puderzucker, gehackte Pekannüsse und Kakaopulver vermischen.
b) Fügen Sie der Mischung Bourbon und leichten Maissirup hinzu und rühren Sie, bis alles gut vermischt ist.
c) Formen Sie die Mischung mit den Händen zu kleinen Kugeln.
d) Legen Sie die Kakao-Bourbon-Kugeln auf ein mit Backpapier ausgelegtes Backblech.
e) Mindestens 1 Stunde kühl stellen oder bis es fest ist.
f) Servieren Sie es gekühlt und genießen Sie diese köstlichen No-Bake-Kakao-Bourbon-Kugeln!

93. Lebkuchenbällchen ohne Backen

ZUTATEN:
- 2 Tassen Lebkuchenplätzchenkrümel
- ½ Tasse Puderzucker
- ½ Tasse gehackte Nüsse (wie Walnüsse oder Pekannüsse)
- ¼ Tasse heller Maissirup
- 2 Esslöffel Wasser

ANWEISUNGEN:
a) In einer Rührschüssel Lebkuchenkrümel, Puderzucker und gehackte Nüsse vermischen.
b) In einer kleinen Schüssel leichten Maissirup und Wasser verrühren, bis alles gut vermischt ist.
c) Gießen Sie die Maissirupmischung über die Kekskrümelmischung und rühren Sie, bis sie gleichmäßig angefeuchtet ist.
d) Formen Sie die Mischung mit den Händen zu kleinen Kugeln.
e) Legen Sie die Gingersnap-Kugeln auf ein mit Backpapier ausgelegtes Backblech.
f) Lassen Sie die Kugeln mindestens 1 Stunde im Kühlschrank fest werden.
g) Servieren Sie es gekühlt und genießen Sie diese leckeren Lebkuchenbällchen, die nicht gebacken werden müssen!

94.No-Bake-Mokka-Likör-Kugeln

ZUTATEN:
- 2 Tassen Schokoladenwaffel-Kekskrümel
- 1 Tasse fein gehackte Nüsse (z. B. Mandeln oder Pekannüsse)
- ½ Tasse Puderzucker
- 2 Esslöffel Kakaopulver
- ¼ Tasse Kaffeelikör
- 2 Esslöffel Instantkaffeegranulat
- 2 Esslöffel Maissirup
- Puderzucker zum Ausrollen

ANWEISUNGEN:
a) In einer Rührschüssel Schokoladenwaffel-Kekskrümel, gehackte Nüsse, Puderzucker und Kakaopulver vermischen.
b) Lösen Sie in einer separaten Schüssel das Instantkaffeegranulat im Kaffeelikör auf.
c) Rühren Sie die Kaffeelikörmischung und den Maissirup unter die trockenen Zutaten, bis alles gut vermischt ist.
d) Formen Sie die Mischung mit den Händen zu kleinen Kugeln.
e) Rollen Sie die Kugeln in Puderzucker, um sie zu bestreichen.
f) Legen Sie die Mokka-Likör-Kugeln auf ein mit Backpapier ausgelegtes Backblech.
g) Lassen Sie die Kugeln mindestens 1 Stunde im Kühlschrank fest werden.
h) Servieren Sie es gekühlt und genießen Sie diese dekadenten Mokka-Likörbällchen ohne Backen!

95.No-Bake-Kirschrum-Kugeln

ZUTATEN:
- 2 Tassen zerkleinerte Vanille-Waffelkekse
- 1 Tasse Puderzucker
- 1 Tasse gehackte Walnüsse
- 1 Tasse getrocknete Kirschen, gehackt
- 2 Esslöffel Kakaopulver
- ¼ Tasse Rum
- 2 Esslöffel heller Maissirup
- Zusätzlicher Puderzucker zum Ausrollen

ANWEISUNGEN:
a) In einer großen Rührschüssel die zerkleinerten Vanillewaffelkekse, Puderzucker, gehackte Walnüsse, getrocknete Kirschen und Kakaopulver vermischen.
b) Den Rum und den leichten Maissirup zu der Mischung hinzufügen und gut verrühren, bis alles gut vermischt ist.
c) Nehmen Sie kleine Portionen der Mischung und rollen Sie sie mit Ihren Händen zu 2,5 cm großen Kugeln.
d) Rollen Sie die Kugeln in Puderzucker, um sie gleichmäßig zu bedecken.
e) Die Rumkugeln auf ein mit Backpapier ausgelegtes Backblech legen.
f) Stellen Sie die Rumkugeln mindestens 2 Stunden lang in den Kühlschrank, bis sie fest sind.
g) Sobald die Rumkugeln abgekühlt und fest geworden sind, geben Sie sie zur Aufbewahrung in einen luftdichten Behälter. Im Kühlschrank sind sie bis zu 2 Wochen haltbar.

96. Orangenbällchen ohne Backen

ZUTATEN:
- 2 Tassen Vanille-Waffelkrümel
- 1 Tasse Puderzucker
- 1 Tasse fein gehackte Nüsse (z. B. Pekannüsse oder Mandeln)
- ½ Tasse Orangensaft
- ¼ Tasse Orangenschale
- Kokosraspeln zum Rollen

ANWEISUNGEN:
a) In einer Rührschüssel Vanillewaffelkrümel, Puderzucker und gehackte Nüsse vermischen.
b) Orangensaft und Orangenschale zur Mischung hinzufügen. Rühren, bis alles gut vermischt ist und die Mischung zusammenhält.
c) Formen Sie aus der Mischung kleine Kugeln mit einem Durchmesser von etwa 2,5 cm.
d) Rollen Sie die Kugeln in Kokosnuss, um sie zu bedecken.
e) Legen Sie die beschichteten Orangenbällchen auf ein mit Backpapier ausgelegtes Backblech.
f) Stellen Sie die Kugeln mindestens 1 Stunde lang in den Kühlschrank, bis sie fest sind.
g) In einem luftdichten Behälter im Kühlschrank aufbewahren.

97. Erdnussbutter-Schokoladenstückchen-Energiebällchen

ZUTATEN:
- 1 Tasse altmodische Haferflocken
- 1/2 Tasse Erdnussbutter
- 1/3 Tasse Honig oder Ahornsirup
- 1/2 Tasse gemahlener Leinsamen
- 1/2 Tasse Mini-Schokoladenstückchen
- 1 Teelöffel Vanilleextrakt
- Prise Salz (optional)

ANWEISUNGEN:
a) In einer großen Schüssel Haferflocken, Erdnussbutter, Honig (oder Ahornsirup), gemahlene Leinsamen, Schokoladenstückchen, Vanilleextrakt und nach Wunsch eine Prise Salz vermischen.
b) Mischen, bis alles gut vermischt ist.
c) Stellen Sie die Mischung etwa 30 Minuten lang in den Kühlschrank, um die Handhabung zu erleichtern.
d) Sobald die Mischung abgekühlt ist, rollen Sie sie zu mundgerechten Kugeln.
e) Legen Sie die Energiebällchen auf ein mit Backpapier ausgelegtes Tablett.
f) Vor dem Servieren mindestens 1 Stunde im Kühlschrank lagern.

98.Kokos-Mandel-Dattel-Energiebällchen

ZUTATEN:
- 1 Tasse Datteln, entkernt
- 1/2 Tasse Mandeln
- 1/4 Tasse Kokosraspeln, ungesüßt
- 1 Esslöffel Chiasamen
- 1 Teelöffel Vanilleextrakt
- Prise Salz (optional)

ANWEISUNGEN:
a) In einer Küchenmaschine Datteln, Mandeln, Kokosraspeln, Chiasamen, Vanilleextrakt und nach Wunsch eine Prise Salz vermischen.
b) Verarbeiten Sie die Mischung, bis ein klebriger Teig entsteht.
c) Vom Teig kleine Portionen abstechen und zu Kugeln formen.
d) Legen Sie die Energiebällchen auf ein mit Backpapier ausgelegtes Tablett.
e) Vor dem Servieren mindestens 1 Stunde im Kühlschrank lagern.

99.Haferflocken-Rosinen-Keks-Energiebällchen

ZUTATEN:
- 1 Tasse altmodische Haferflocken
- 1/2 Tasse Rosinen
- 1/4 Tasse Mandelbutter
- 1/4 Tasse Honig oder Ahornsirup
- 1 Teelöffel Zimt
- 1/2 Teelöffel Vanilleextrakt
- Prise Salz (optional)

ANWEISUNGEN:
a) In einer Küchenmaschine Haferflocken, Rosinen, Mandelbutter, Honig (oder Ahornsirup), Zimt, Vanilleextrakt und nach Wunsch eine Prise Salz vermischen.
b) Verarbeiten Sie die Mischung, bis sie gut vermischt und klebrig ist.
c) Stellen Sie die Mischung etwa 30 Minuten lang in den Kühlschrank.
d) Sobald die Mischung abgekühlt ist, rollen Sie sie zu mundgerechten Kugeln.
e) Legen Sie die Energiebällchen auf ein mit Backpapier ausgelegtes Tablett.
f) Vor dem Servieren mindestens 1 Stunde im Kühlschrank lagern.

100. Schokoladen-Kokos-Proteinbällchen

ZUTATEN:
- 1 Tasse Haferflocken
- 1/2 Tasse Schokoladenproteinpulver
- 1/3 Tasse Mandelbutter
- 1/4 Tasse Honig oder Agavendicksaft
- 1/4 Tasse Kokosraspeln, ungesüßt
- 1 Teelöffel Vanilleextrakt
- Prise Salz (optional)

ANWEISUNGEN:
a) In einer Schüssel Haferflocken, Schokoladenproteinpulver, Mandelbutter, Honig (oder Agavensirup), Kokosraspeln, Vanilleextrakt und nach Wunsch eine Prise Salz vermischen.
b) Rühren, bis die Mischung gut vermischt ist.
c) Stellen Sie die Mischung etwa 30 Minuten lang in den Kühlschrank.
d) Sobald die Mischung abgekühlt ist, rollen Sie sie zu mundgerechten Kugeln.
e) Rollen Sie jede Kugel bei Bedarf zusätzlich in Kokosraspeln.
f) Legen Sie die Energiebällchen auf ein mit Backpapier ausgelegtes Tablett.
g) Vor dem Servieren mindestens 1 Stunde im Kühlschrank lagern.

ABSCHLUSS

Während wir das letzte Kapitel von EIWEISS WAFFELN BACKEN OHNE BACKENs No-Bake-Backen erreichen, hoffe ich, dass dieser kulinarische Ausflug Süße und Freude in Ihre Küche gebracht hat. Mit 100 köstlichen Leckereien, die Ihnen zur Verfügung stehen, sind die Möglichkeiten, unvergessliche Desserts ohne Ofen zuzubereiten, endlos. Ganz gleich, ob Sie die Kunst des No-Bake-Backens als tägliches Ritual angenommen oder für besondere Anlässe reserviert haben, die Reise war einfach köstlich.

Vielen Dank, dass Sie sich uns auf diesem geschmackvollen Abenteuer angeschlossen haben. Mögen Ihre zukünftigen Unternehmungen ohne Backen voller Kreativität, Freude und der Befriedigung sein, Desserts zuzubereiten, die einen bleibenden Eindruck hinterlassen. Genießen Sie bis zu unserem nächsten Backausflug die Süße der Kreationen von EIWEISS WAFFELN BACKEN OHNE BACKEN und erfreuen Sie sich weiterhin an der köstlichen Welt der No-Bake-Leckereien. Viel Spaß beim Backen!

www.ingramcontent.com/pod-product-compliance
Lightning Source LLC
Chambersburg PA
CBHW071851110526
44591CB00011B/1380